L'AUTRE VENISE

ŒUVRES DU MÊME AUTEUR
PARUES EN FRANÇAIS

Pour une poétique de l'événement, suivi de *L'Engagement et l'Événement* (écrit en français), UGE, collection 10/18, 1979.

Bréviaire méditerranéen, traduit du croate par Evaine Le calvé-Ivičević, préface de Claudio Magris, Fayard, 1992 (Prix du Meilleur Livre étranger 1993).

Épistolaire de l'autre Europe, traduit du croate par Mireille Robin et Mauricette Begić, Fayard, 1993.

Entre asile et exil, roman épistolaire traduit du croate et du russe par Mireille Robin, Mauricette Begić et l'auteur, Stock, 1995.

Le Monde « ex ». Confessions (écrit en français), préface de Robert Bréchon, Fayard, 1996.

La Méditerranée et l'Europe. Leçons au Collège de France (écrit en français), Stock, 1998.

Iles – Méditerranée (écrit en français), photographies de Mimmo Jodice, Actes Sud, 2000.

Predrag Matvejevitch

L'AUTRE VENISE

Traduit du croate
par Mireille Robin et l'auteur

Fayard

NOTE DE L'AUTEUR

Dans mes écrits précédents, j'ai souvent tenté de percer la barrière de stéréotypes et de clichés qui fait obstacle à une approche intime de Venise. Le lecteur retrouvera ici, agencés dans un ordre différent, quelques fragments qui apparaissent dans mon essai dédié au *Golfe de Venise* et dans mes *Leçons au Collège de France.*

La préface et les passages poétiques des pages 80-82 et 151-155 ont été traduits de l'italien par Jean Pastureau. Enfin, je remercie la direction du Museo Correr de Venise pour les illustrations qui ponctuent l'ouvrage.

Titre original :
DRUGA VENECIJA

PRÉFACE

Venise minimale

par Raffaele La Capria

Je comprends très bien, pour en avoir fait l'expérience directe, charnelle pourrais-je dire, ce que signifie parler d'un endroit dont on a déjà trop parlé. Naples comme Venise ont peu à peu disparu sous les multiples représentations qui en ont été données ; une infinité de descriptions ont fait passer à l'état de *déjà vu* ce que l'œil voudrait encore voir ; ou plutôt, elles s'y sont *substituées*, elles ont envahi la rétine et conditionné la vision, de sorte qu'aujourd'hui la réalité représentée, le lieu commun de cette réalité, est devenue le seul lieu fréquenté : la réalité a été écrasée par sa représentation. Pour parler encore de Naples – ai-je écrit naguère, mais cela vaut également pour Venise –, « il faut l'exhumer des strates de représentations qui depuis longtemps la recouvrent, il faut la porter au grand jour avec tout le soin d'une archéologie de l'esprit ». Cette délicate archéologie de l'esprit, qui fouille et découvre des fragments et des pièces en nettoyant minutieusement au pinceau la réalité ensevelie sous la poussière des représentations, c'est la stratégie choisie par Predrag Matvejevitch pour son approche de Venise.

Cette stratégie s'étaie sur ce que l'écrivain a appris de la culture française dont il s'est imprégné en écrivant divers essais critiques et poétiques ; mais plus encore sur sa parenté – généalogique et littéraire – avec les formalistes russes, par exemple Chklovski, à qui l'on doit la théorie de la singularisation. Si l'on veut décrire un cheval, disait à peu près Chklovski, il faut le faire comme si ce cheval était totalement étranger, comme si on le voyait pour la première fois. En d'autres termes, le regard de l'artiste doit se faire innocent, l'artiste doit avoir recours à l'innocence jusque dans sa technique descriptive, pour mettre en relief et faire exister ce qu'il voit. Et ce qu'il voit, c'est le détail, parce que seul le détail rend insolite ce que l'on observe. Dans le cas de Predrag Matvejevitch, l'extranéité et la particularité sont saisies au terme d'un rapprochement de l'objet qui prend valeur d'analyse, comme on peut le voir sur un écran de télévision, par exemple : on montre un tableau, on en isole ensuite un point précis en le détachant complètement de l'ensemble, et on l'agrandit presque jusqu'à en pénétrer la couleur, à en révéler la pâte et la trace du pinceau. Or le détail que fixe Predrag Matvejevitch est comme l'os à partir duquel on peut reconstituer la forme entière d'un dinosaure. Le fragment qu'il isole – qu'il s'agisse de la rouille d'un pieu de fer ou de sa patine, de la qualité du bois d'une poutre ou de son pourrissement – nous ramène toujours à l'ensemble d'où il a été détaché, par une démarche semblable à celle de la critique stylistique, qui à travers une phrase ou un passage nous restitue tout un texte.

D'autres raisons, cependant, ont poussé l'écrivain à poser son regard sur les « pierres de Venise », des raisons plus profondes, celles-là même qui ont présidé à la naissance de son livre le plus connu, *Bréviaire méditerranéen*, et qui sont de nature poétique. C'est de l'observation du détail minuscule mais significatif, ou plutôt du choix de ce détail, que naît la poésie ; et ainsi, alors que nous avons l'impression de lire un essai, une description, un journal, on dépasse en réalité les limites d'un genre pour entrer dans un autre domaine, celui de l'imagination.

On retrouve dans le présent ouvrage certaines des qualités qui ont assuré le succès de *Bréviaire méditerranéen* : le même minimalisme, la même miniaturisation, le même emploi (parfois recherché) du détail qui pourrait sembler trop évident ou trop peu digne d'être mentionné ou observé, la même humilité dans l'approche. Cette humilité, on la ressent d'autant plus ici que la réalité de Venise – l'âme de la ville et de son histoire – est encore plus péremptoire et immédiate, plus circonscrite, et donc moins ouverte aux hypothèses et aux conjectures. Il n'empêche que Venise y est bien présente en toile de fond, ainsi que dans l'imaginaire du lecteur, laissant une marge toujours plus réduite à la liberté et à l'inspiration de l'auteur. Les éclats que l'on peut extraire, pour les analyser, de son corps fastueux et voyant, ne font jamais oublier ce à quoi ils appartiennent – et il suffit de prononcer les mots *pilotis* ou *barena* pour que le tableau tout entier remonte aussitôt à la surface. On peut, devant le spectacle naturel de la mer, arrêter son regard sur la crête d'une vague ou le vol d'une mouette ; mais il est plus difficile, quand on franchit le pont du Rialto, de l'arrêter sur les brins d'herbe qui s'accrochent entre les pierres des marches, en feignant d'ignorer la splendeur de l'architecture où ils s'enchâssent.

À Venise plus qu'ailleurs, la réalité – saisie à travers la « poétique de l'observation rapprochée » ou l'« épique de la description minutieuse » (pour reprendre deux définitions des démarches de Matvejevitch que j'avais proposées à propos du *Bréviaire*) – est comme le visage de Méduse, qui, rappelait Italo Calvino, pétrifie celui qui la regarde droit dans les yeux. La stratégie de Predrag Matvejevitch se justifie donc d'autant plus, et littérairement et poétiquement. Mais ici la tâche est bien plus ardue, et sa réussite n'en est que plus admirable. L'accumulation des notations et des rapprochements qui sortent de la plume de l'écrivain – de l'anthropologue, du géographe, de l'historien, du mythographe, du cartographe, du philologue qu'il incarne tour à tour pour créer son propre style – parvient à la fin à reconstruire l'autre Venise, celle de Matvejevitch, qui donne son titre au livre.

Une Venise faite d'écriture qui devient matière et sensation ; matière et sensation qui nous restituent celles que nous recevons de Venise, sensation d'humidité, de liquidité, de pourriture, de temps, de beauté, de passé, de mélancolie, de mirage, de marbre, de sable, de boue, d'or, de flou, de splendide, de trouble – bref de Venise, de l'indicible Venise.

R.L.C.

L'AUTRE VENISE

Je suis arrivé à Venise de divers horizons : du nord, par la terre ferme, du sud et de l'est, par la mer, avec ou contre le vent. Quelle que fût la saison, qu'il fît jour ou nuit, sous le soleil ou sous la pluie, Venise était toujours la même et pourtant elle était différente. Y venant pour la première fois, la deuxième et je ne sais quelle autre, j'ai compris l'avertissement d'un sage d'Orient (rencontré dans un port, peut-être Muggia, près de Trieste) : « Ne décris pas les lieux où beaucoup sont passés, quelqu'un avant toi l'a fait, peut-être mieux. » Venise a été maintes fois décrite et dépeinte, par la plume ou le pinceau. Elle est devenue un lieu commun. « Garde-toi des lieux communs », m'avait encore conseillé le sage au moment où je prenais congé de lui. Que peut-on ajouter à l'histoire de cette ville, que l'Histoire ne connaisse ?

Nombreux sont ceux qui ont écrit, avec émerveillement ou envie, sur les œuvres que nous ont laissées les grands maîtres vénitiens – le mystérieux Carpaccio, Bellini le Vieux et le Jeune, Giorgione « le solitaire » (cette épithète

Anonyme : deux volets d'une vue de la ville (toponymes : *Rialto, Pescaria, Magazeni, Palacio de Conseio* et autres) ; gravure au burin, 1583.

RIALTO
PESCARIA
PIAZZA
PALAZZO DE CONSEIO
MAGAZENI
VENETIA

accompagne régulièrement son nom), le Titien « durant sa longue vie » (précision souvent mentionnée également), ou bien encore Paolo Veronese, « sur ses grandes toiles » (très grandes, en effet, mais faut-il le répéter toujours ?). J'ignore ce qu'on pourrait ajouter à ce qui a été dit déjà tant de fois à propos de la lumière et des ombres du Tintoret, des figures « qui planent » de Tiepolo, des *vedute* de Canaletto, de la *venezianità* de Guardi. Quiconque ose à nouveau décrire la basilique Saint-Marc, sa place ou son clocher, l'église Santa Maria della Salute, la Ca'd'oro, le Ponte dei Sospiri, le traditionnel carnaval, les célèbres régates, l'illustre Bucentaure, etc., ne sait à quoi il s'expose : cela aboutit rarement à une réussite, peut-être une ou deux fois par génération, trois ou quatre fois par siècle. Or notre siècle s'est écoulé, notre génération s'est épuisée.

À la fin du siècle dernier, je suis arrivé à Venise, venant d'Istrie, au crépuscule d'une journée d'automne. Sur le Canal Grande, peu de palais étaient éclairés, la plupart étaient plongés dans les ténèbres. Qui saurait s'ils sont encore habités ? Pourquoi leurs occupants les ont-ils abandonnés ? À qui les héritiers les ont-ils confiés ? Ces questions taraudent pareillement les Vénitiens et les amoureux de Venise. Des bancs de brume flottaient sur les eaux, estompant les silhouettes. Les formes n'étaient plus que contours. La banalité avait disparu.

J'étais arrivé au bon moment.

Je suis revenu par une journée d'hiver sans vent. J'ai cherché les endroits moins connus, d'où l'on aperçoit les choses sous un angle différent. Parti du square Saint-Trovaso, près du Dorsoduro, j'ai longé, empruntant les canaux et les *calli*, le Rio dei Muti et le Rio della Madonna dell'Orto. Le froid précoce avait chassé les visiteurs. Près du môle, je n'ai vu aucune gondole, seules deux barques *caorline* et un *trabaccolo* se laissaient bercer par les flots. Les briques des maisons vétustes étaient plus brunes que rouges. Vues de la Giudecca, les Zattere ont un aspect inhabituel – la Giudecca, quant à elle, est toujours la même d'où qu'on la regarde. Là, j'étais vraiment à Venise, et non plus dans la représentation que je me faisais d'elle.

Les accès à la Lagune sont balisés par des pilotis de bois. Fichés dans le fond, par groupes de deux, trois, quatre ou plus, ils sont reliés au moyen de cerceaux de fer. Les uns portent un numéro, les autres un numéro et une lanterne, d'aucuns rien du tout. Ils indiquent par où passer, où tourner pour éviter les bas-fonds et contourner les bancs de sable. Les îlots alentour, débris ou vestiges de la terre ferme recouverts de roseaux et d'algues, sont appelés *canetti* et *barene.* Les bandes de dépôts alluvionnaires, envahies de vase, d'herbes rases et de roseaux se nomment pour leur part *velme*, les passages entre elles *ghebi.* Ces vocables tombent dans l'oubli, je les consigne ici en me berçant de l'illusion qu'ils pourraient être ainsi sauvegardés.

Les pilotis sont le plus souvent en chêne ou en châtaigner, parfois aussi en acacia. Ils diffèrent selon qu'ils sont plantés dans des endroits quelconques, éloignés du centre, ou bien au sein du Grand Canal, devant les palais anciens ou les villas du Lido. Ils portent eux aussi des noms divers : la *palina* est constituée d'un seul tronc, la *dama* de deux ou trois, la *bricola* de plusieurs, liés un peu comme une gerbe. Ceux qui sont surmontés d'un chapiteau pointu semblable à un turban et dont la base présente des rayures blanches, bleues ou rouges, ou autres signes attestant qu'ils appartiennent aux membres d'une lignée illustre, se remarquent plus particulièrement. Mais qu'ils soient peints ou pas, ils pourrissent. La durée de vie des uns et des autres est courte, juste un peu plus longue que celle d'un chien : moins d'une vingtaine d'années. Et si je détaille ainsi leurs noms et leurs aspects, c'est qu'un véritable drame se joue à l'intérieur du bois dont ces pilotis sont faits : les vers, les coquillages, les petits crabes ainsi que divers parasites les rongent, le sel et l'eau saumâtre les corrodent, le limon, les algues et les herbes aquatiques les étouffent. Il faut les surveiller, les changer régulièrement, planter de nouveaux poteaux en bois sain et jeune et arracher les anciens, branlants et à moitié pourris, qui ont fait leur temps.

Les oiseaux sont leurs hôtes, ils s'y posent et s'y attardent. Ce sont le plus souvent des mouettes, parfois des cormorans – de loin, on les confond facilement. Ces « arbres sans ramure ni racines » s'ornent ci et là d'une niche en bois abritant une image de la Vierge devant laquelle est placé un vase de Murano avec des fleurs ou une bougie. Un *ex-voto* ou quelque autre ornement est posé près d'elle, pour que Notre-Dame ne soit pas seulement sainte, mais aussi belle.

Lorsque rien ne vient troubler les eaux des canaux, elles miroitent au soleil à côté des palais, s'abandonnant aux jeux de l'ombre et de la lumière. La fine couche végétale sur les murs et les escaliers indique jusqu'où s'étend le règne de l'humidité. La frontière était plus basse hier qu'aujourd'hui. Vers le haut, les algues ressemblent à de la mousse, dans le bas, ce sont des herbes folles. Elles sont vert foncé (j'ai vu exactement la même couleur sur le manteau d'un saint dans une vieille église près du Campo di San Barnaba). L'humidité s'infiltre partout, dans les murs et la pierre, dans le bois, le fer et la brique, jusque dans l'âme. Près du môle, les poutres sont gorgées et craquelées : l'eau qu'elles ont engloutie les préserve de l'assaut de l'eau extérieure. Tout pourrit : les vieilles planches, les pilotis encastrés dans les *fondamenta*, les bittes d'amarrage, les écopes des barques, les rames usagées. L'humidité vieillit à son tour, aussi bien dans la pierre que dans les briques. Que dire de son âge à elle ?

La rouille ronge le fer, ici en profondeur, là en surface. Elle est de couleurs diverses : noire, brune, rouge. Par endroits, elle peut être également rousse (on retrouve ces couleurs, ces nuances sur les tableaux de l'époque tardive du Titien). Les couches de rouille et de patine colorent les portails métalliques, les grilles des fenêtres, les rambardes, les serrures, les clés. On ne saurait dire pourquoi les uns se sont recouverts de patine et les autres de rouille, dedans comme dehors, en haut comme en bas.

Aux endroits les plus exposés aux intempéries et à la brume, les plus corrodés par les émanations et l'humidité, on découvre des liens plus intimes et peut-être plus sournois entre la rouille et la patine. On devine entre elles des jeux sans cesse repris et interrompus, de l'attirance et de la répulsion se manifestant tour à tour, les vestiges d'un alphabet inconnu que l'on tente vainement de déchiffrer. On y voit apparaître des dessins imprécis et imprévisibles, des formes irrégulières et irréductibles qui se cherchent et se fuient, Dieu seul sait pourquoi. Lorsque la rouille se fait plus profonde et commence à pourrir et que la patine pâlit et se détache, elles deviennent à peu près identiques, pareillement dépendantes de leur support et également superflues. Presque tous les métaux – fer, cuivre, plomb et autres – connaissent le même sort. Les alliages – le laiton, le bronze – tentent de résister de façon semblable. L'or lui-même fonce en vieillissant, comme si son ombre se penchait sur lui ou s'y infiltrait. L'argent perd une part de son éclat et tout son reflet ; sa surface s'obscurcit par endroits et son corps semble s'amenuiser.

La rouille est somptueuse à Venise, la patine ressemble à de la dorure.

On a souvent utilisé des couleurs vives et fortes pour peindre les couchers de soleil : le jaune, l'or, le rose, le rouge, le rouge flamme *(rutilante)*. Tant de grands maîtres et de simples dilettantes se sont pris de passion pour saint Marc, la basilique et la place qui porte son nom, le clocher qui la surplombe, le Palais des doges, Canal Grande, Santa Maria della Salute, Ca'd'Oro, etc. Familiers de leur ville et habitués à son apparence quotidienne, les peintres vénitiens ont procédé avec plus de discrétion que les étrangers. Ces derniers ont souvent laissé leur amour débridé se transformer en orgie, se laissant subjuguer par la lumière, négligeant les ombres. Il est difficile, après les uns et les autres, de peindre le crépuscule à Venise, et quasiment impossible de le décrire. Quiconque décide tout de même de le faire prend un grand risque. Peu en sont conscients.

Les couchers de soleil sont assez différents selon que l'on se trouve dans la partie orientale ou occidentale de la ville, au début du Castello ou à la fin de la Santa Croce, près des *Magazzini del sale* ou de l'Arsenal. Il convient peut-être de faire le tour de ce que l'on nommait jadis le « golfe de Venise », longer une partie des rives adriatiques pour mieux voir ces différences. D'un côté, le soleil se couche sur la mer et y sombre. De l'autre, il disparaît à la fin du jour derrière le relief plus ou moins élevé de la terre ferme. À l'est, le crépuscule se dit *suton,* de *su(nce)*, soleil, et de *ton(uti)*, sombrer ; à l'ouest, il s'appelle *tramonto*, c'est-à-dire « par-delà les monts ». Les langues, sur une rive et l'autre, tiennent compte de la manière dont le soleil se couche.

Là où le littoral et l'arrière-pays sont plats, comme dans la Lagune, la mer et la terre se confondent et ne font plus qu'un au couchant. À son lever et à son coucher, le soleil s'appuie ou se pose sur l'une et l'autre à la fois.

Sur la côte ouest de l'Adriatique, les tours et les clochers projettent leurs ombres en direction du golfe et du large. Plus le crépuscule est proche, plus elles sont longues et ténues. Le soir s'insinue dans une sorte de frontière qui sépare la rive et la mer. La nuit efface cette frontière. Des traces lumineuses subsistent sur les hauteurs, ainsi que sur les nuages qui se teintent de nuances inhabituelles de rose ou de rouge, parfois trop fortes et surprenantes. En été, ces jeux durent longtemps. Lorsqu'elle apparaîtra, la lune rendra aux paysages leurs contours, plus flous que durant le jour, et leurs ombres, moins nettes que celles qui viennent de disparaître. La lumière se réduit aux seuls reflets. Le court laps de temps qui sépare le coucher du soleil du lever de la lune est favorable à la prière et à la nostalgie.

À l'aube, les positions et les rôles s'inversent. Sur la rive orientale de l'Adriatique, les rayons de soleil surgissent du haut de la terre ferme. Ils apparaîtront d'autant plus tard que la côte est surélevée, abrupte et étendue. Les ténèbres subsistent plus longtemps là où terre et mer se rejoignent. C'est là que les matinées sont les plus fraîches en été, les plus glaciales en hiver. On y attend le lever du soleil avec plus d'impatience et de hâte que partout ailleurs.

Sur la côte occidentale, le soleil émerge de la mer qu'il avait désertée la veille au soir. Une légère brise, annonciatrice de l'aube, ride d'abord la surface de l'eau. Les pêcheurs connaissent bien ces instants et en parlent volontiers : cette lumière qui pointe lentement puis resplendit soudain leur redonne du courage, leur insuffle une nouvelle assurance, qu'ils ne sauraient eux-mêmes expliquer. Elle les amène parfois à prendre des décisions malencontreuses : ils s'éloignent du port et du môle, oubliant les risques et les dangers ; ils cessent de penser aux intempéries. Le long du rivage, les ombres reprennent leur jeu, dans un agencement différent de celui de la veille, le début et la fin s'étant inversés.

Sur les petites îles plates dont les côtes sont orientées vers l'est comme vers l'ouest – et elles sont nombreuses dans la Lagune –, on a l'impression que le soleil en même temps sombre dans la mer et se couche sur la terre. On se demande parfois si ces deux phénomènes se produisent simultanément ou successivement, tant les lieux sont proches. Il suffit parfois d'une courte promenade pour passer d'une rive à l'autre, que l'on fait en compagnie de son ombre qui tantôt nous devance, tantôt nous suit.

Les levers et les couchers de soleil, les aubes et les crépuscules inspirent ou troublent ceux qui les contemplent. Ils les amènent parfois à croire aux mirages, à s'adonner aux simulacres. J'ai cherché un endroit d'où je pourrais les observer sans avoir à faire appel à mes souvenirs ou à des comparaisons. Je me suis rendu dans plusieurs quartiers de Venise pour être plus certain de mon choix. Un jour d'automne, en fin d'après-midi, une légère brume s'était formée sur les eaux. Je me trouvais à bord d'un bateau et j'ai découvert alors un spectacle inhabituel entre la petite île de Saint-Lazare-des-Arméniens et celle de San Servolo. Sur la première se dresse un monastère à l'architecture austère, qui abrite une bibliothèque sur laquelle veillent les descendants des réfugiés arméniens ; sur la deuxième se trouvait jadis un asile psychiatrique, plus tard transformé en hospice. Entre les deux, à travers le filtre de la brume, il m'a été donné de voir le plus beau des crépuscules, solennel comme la mort à Venise.

Anonyme : la ville et le canal ;
inscription : *Venetia(rum) civitas ;*
gravure sur bois, 1480.

Les ponts ont également inspiré les écrivains. Et peut-être encore plus les peintres. Des pas y résonnent le matin et le soir, qu'il pleuve ou qu'il vente. Chaque fois, on est surpris de les entendre. Selon une légende presque tombée dans l'oubli, Vivaldi, Albinoni, Benedetto Marcello, Gallupi et autres compositeurs vénitiens y ont découvert une musique secrète. Tard le soir, des voix retentissent dans les *calli*. Les gondoliers disent adieu au jour écoulé, les veilleurs de nuit, dont la journée ne fait que commencer, s'interpellent, les boulangers s'empressent de devancer le lendemain. On les entend, proches et lointains à la fois – silhouettes sans ombres, paroles sans échos. Les bruits qui se sont agglutinés et attardés deviennent leur seul accompagnement. Bref prélude à la nuit, qui elle-même ne dure pas longtemps. Ces voix retentiront à nouveau le lendemain, reprenant au matin là où elles s'étaient tues la veille, revenant sur scène en ordre inverse. Cette petite musique de nuit se répète au fil des quatre saisons.

Les noms de ces ponts sont bien connus de tous. Rares sont ceux qui savent aussi leurs surnoms, en dialecte. À vrai dire, les *fondamenta* et les quais de Venise sont eux aussi des ponts. Ainsi, la Riva degli Schiavoni reposait-elle aussi sur des pilotis de bois qui avaient été apportés ici par des caraques. Ces grumes étaient probablement coupés sur les monts Učka en Istrie ou Velebit en Dalmatie. Lorsque je passe par là, d'étranges pensées m'assaillent : qui étaient ces *Schiavoni* (Esclavons, Slaves) ou *Morlaques* ? Qu'est-ce qui les a amenés en ces lieux ? Il existe des légendes évoquant le triste sort des galériens qui ramaient sur les navires vénitiens. Ils appartiennent au passé ou à l'histoire, bien qu'ils hantent encore notre imagination. Ils étaient d'origines diverses, triés selon leur force et leur rendement. « Parmi les rameurs, que l'on appelle *ciurma,* on trouve des forçats, des esclaves et des volontaires. Les forçats ont été condamnés aux galères par les tribunaux. Les esclaves sont pour partie des Maures, pour partie des Turcs, pour partie des Morlaques. Les Turcs et les Maures qui ont été capturés en mer sont plus efficaces que ceux qui ont été faits prisonniers sur la terre ferme. La plupart des Morlaques meurent de mélancolie et d'entêtement », écrivait en 1602 Bartolomeo Crescenzio, dans son manuel de navigation, que les experts considèrent comme un des meilleurs de son époque. (Évite de citer, écris ton propre récit – je répétais en moi les conseils que m'avait prodigués le sage d'Orient. Mais, comme on peut le constater, j'oublie parfois notre rencontre près de Trieste, à Muggia.) Je ne pardonnais pas à Venise le traitement qu'elle avait infligé à ces Morlaques, jusqu'au moment où j'ai appris que Dubrovnik vendait elle-même comme esclaves les habitants de son arrière-pays. Je me suis alors résigné et réconcilié avec le sort. Nos histoires respectives sont entremêlées, on ne saurait effacer Venise de la nôtre.

Anonyme : vue du centre de la ville
(*Palazzo ducale, Basilica di San Marco*) ;
estampe, 1490.

Rares sont ceux qui parviennent à pénétrer dans les jardins de Venise, peut-être parce qu'on n'imagine pas, dans un espace aussi exigu, trouver de la place. La plupart sont inaccessibles, surveillés, privés. Ils se trouvent à proximité des palais qui leur ont donné leur nom. Près du Palazzo Soranzo, il y a un jardin luxuriant que j'ai vu pour la première fois sur une gravure du père Vincenzo Coronelli. Depuis le pont San Cristoforo, j'ai entrevu à la tombée du jour le beau jardin du sinistre palais Dario. Non loin des *fondamenta* Bonlini et du pont Trevisano, on découvre celui du palais Giustiniani Recanati. Le palais Contarini dal Bovolo a transformé ses loggias en un autre jardin extraordinaire. On m'a laissé à grand-peine pénétrer dans le jardin du palais Gradenigo, sur le Rio Marin, ainsi que dans celui du palais Abrizzi, près du Rio delle Madonnelle. D'où viennent tous ces arbres, ces plantes, ces fleurs qui les ornent ? Qui a apporté les graines, les greffons, les semences ? J'ai recherché les traces de la passion sans laquelle tout cela n'aurait pu exister. Ces lieux sont à la fois au centre et à la périphérie, à la lumière et à l'ombre. Tantôt ils font partie de la réalité, tantôt ils semblent ne relever que du rêve. Dans les jardins de Venise, de lointains amants ont aimé.

Diverses espèces de vigne couvrent les pergolas. Les plantes remontantes et grimpantes se lancent à l'assaut des murs, les unes jaunes, les autres vertes, d'autres encore rouges (j'entends un guide expliquer qu'il s'agit du *rosso di Veronese*, on retrouve effectivement cette couleur chez le peintre). Il y a là des cyprès, des palmiers, quelques cèdres du Liban, des jasmins et des tamarins aux branches graciles, des orangers et des citronniers près des statues et des fontaines, des lauriers et des lauriers-roses, des asparagus, des rhododendrons le long des perrons et autour des puits contenant plus de ténèbres que d'eau. J'ai cherché les noms de certaines espèces apportées de pays lointains et acclimatés sous nos horizons : l'iris, la rose de Grèce, le lierre anglais, l'azalée venant de je ne sais quel climat austral, diverses plantes d'origine japonaise – *tsubaki, kenisyon, kiku* – ou apportées de la Chine telles que *mu jin* (une sorte d'hibiscus) ou *mu lan* (semblable au magnolia), la rose thé qu'achetaient ici jadis, contre leurs derniers sequins, les princes russes, amoureux et mal aimés. Est-il meilleure preuve, dans cette ville, du cosmopolitisme méditerranéen ?

Les gens d'Europe occidentale viennent à Venise à la rencontre de l'Orient. Pour les habitants des Balkans et du Proche-Orient, Venise est l'Europe et l'Occident. Pour les uns, Byzance commence ici, alors que pour les autres, elle s'y achève. *Venetiae quasi alterum Bysantium,* ce sont les mots du fameux cardinal Bessarion qui offrit jadis les trésors de Constantinople à la Bibliothèque de Saint-Marc. Les Vénitiens, avec leur sens à la fois pratique et utilitaire, n'ont pas permis que Rome et Byzance s'affrontent ici comme elles le firent dans certaines contrées voisines. Ce penchant simultané pour le singulier et le multiple est l'une de leurs caractéristiques essentielles. Nulle part ailleurs, le « divan oriento-occidental » ne fut aussi large et confortable que dans cet espace étroit et incommode.

Il est plus facile de classer les jardins et les espèces végétales se trouvant à Venise que les livres et les récits écrits sur cette ville. Ces derniers sont probablement plus nombreux. Rares sont ceux où Venise est vraiment présente : on y rencontre plus fréquemment l'image qu'on s'en est faite. Venise en a souvent souffert. Les discours sur la Lagune et ses alentours se sont si souvent dispersés, il en reste peu dans les *fondamenta.* Les témoignages les plus fiables devraient appartenir en même temps au passé et au présent. La relation du voyage en Italie de Goethe, datant d'une époque où l'Italie n'était pas encore unie et où Venise n'en faisait pas partie, s'est inscrite dans la mémoire : « Cette race ne s'est pas réfugiée dans ces îles pour son plaisir, ce n'est pas le caprice qui poussa les suivantes à se réunir à elle ; la nécessité leur apprit à chercher leur sécurité dans la situation la plus défavorable, qui ensuite leur fut si avantageuse et en fit des hommes avisés alors que le Nord tout entier était encore plongé dans les ténèbres... Les habitations se pressèrent de plus en plus étroitement, le sable et les marais cédèrent leur place aux pierres, les maisons cherchèrent l'air, comme des arbres dans les endroits clos. Il leur fallut gagner en hauteur ce qui leur manquait en largeur... Aussi le Vénitien devint-il une nouvelle espèce de créature... On ne peut comparer Venise qu'à elle-même [1]. » L'auteur du *Voyage en Italie*, croyant n'exagérer en rien, écrivit ces lignes en automne, peu avant que le crépuscule ne tombât sur la Lagune.

Éviter la citation, suivant le conseil des sages, ne doit cependant pas devenir une exigence absolue ou dogmatique. On cite parfois aussi pour se libérer de la solitude, se sentir accompagné, sur les routes incertaines, par une voix proche et réconfortante. D'autant plus que nous sommes souvent trop solitaires sur de tels parcours, « parmi ceux qui s'agitent et s'extasient de n'importe quoi, dans la torpeur opiacée de leurs préjugés », auxquels nous souhaiterions « une autre Venise, réelle, lucide, cassante comme du verre, voulue dans le néant des forêts immergées, créée de force, et enfin parvenue à ce degré d'existence ». (C'est un bref extrait des *Carnets de Malte Laurids Brigge* de Rainer Maria Rilke que, tout naturellement, je cite pour clore ce chapitre.) Le poète nous propose un autre aspect de la ville, un regard divers jeté sur « ce corps endurci, réduit au plus nécessaire, à travers lequel l'arsenal qui ne dort jamais chasse le sang de son travail. L'esprit insinuant de ce corps qui sans cesse élargit son domaine ; cet esprit plus fort que le parfum des pays aromatiques. L'État inventif

1. Traduction française de J. Naujac, Paris, Aubier Montaigne, 1961.

qui échangeait le sel et le verre de sa pauvreté contre les trésors des peuples. Le beau contrepoids du monde, jusque dans ses ornements, est plein d'énergies latentes qui se ramifient toujours plus finement [1] ».

Selon une classification déjà établie, de tels écrits trouveraient leur place dans les *fondamenta* et en deviendraient partie intégrante.

La mauvaise réputation qui accompagne bon nombre de propos sur Venise peut s'expliquer de diverses manières. Quiconque a visité « la ville et ses merveilles », et en particulier celui qui se pique de littérature, s'est senti en quelque sorte obligé de consigner ce qu'il avait « fini par découvrir ». De telles prétentions souvent se payent cher. C'est peut-être contre elles, et non contre Venise elle-même, que certains pamphlets, durs et parfois malveillants, ont été rédigés. La question est de savoir si Venise est aussi responsable de la littérature qui lui est consacrée. Qu'aurait-elle pu faire pour l'éviter ?

Nombreux sont ceux qui vont à Venise non seulement pour la visiter, mais encore pour y trouver le bonheur. Jadis on se rendait ainsi – comme Stendhal incitait ses contemporains à le faire – dans l'Italie tout entière.

J'imagine une anthologie regroupant des extraits des journaux tenus par les jeunes gens qui s'y sont promenés, amoureux, main dans la main. Ils ont évoqué davantage leur amour à Venise que Venise elle-même.

Elle le leur aura sans doute pardonné.

1. Traduction française de M. Betz.

Les plantes et les fleurs qui occupent la place d'honneur dans la hiérarchie botanique et portent des noms distingués – tels la glycine, la jacinthe, le dahlia, le bougainvillier, l'hortensia rose et bleu – détournent notre attention des végétaux insignifiants et souvent anonymes qui poussent là où on ne les attend pas et où ils ne semblent point être nécessaires. Sous les balcons, autour des puits, sur les façades et le long des palissades, là où la pierre se fend et se fissure, la brique s'effrite et cède aux assauts de l'humidité, le crépi se craquelle et se désagrège, partout ils sont là, en plein centre de Venise. Une graine est tombée dans un trou presque invisible, venant de Dieu sait où, elle y a germé et s'est transformée en une maigre pousse ou un modeste bouquet.

J'ai recherché ces endroits, j'ai observé leurs pousses, j'ai tenté de les mieux connaître. Plusieurs vents participent à cette reproduction mystérieuse : la *bora* et la tramontane, venant du Carso ou s'engouffrant entre les contreforts des Alpes en direction des bouches de l'Isonzo

Anonyme : Venise en perspective, gauche et droite ;
inscription : *« Venetiae urbs Italiae potentissima caput et regioni urbiumq(ue) complurimum dominatrix »* ; gravure sur cuivre, moitié du dix-septième siècle.

IONUM URBIUMQ COMPLURIUM D
TIA

et de la Brenta, le *scirocco* et le *levante,* lorsqu'en automne ils soufflent du large sur la Lagune ; le *maestrale* et le *libeccio*, pour leur part, sont de ce côté-ci trop faibles pour porter les graines et les déposer dans les joints des murs, enfoncer les boutures dans les failles ou les commissures.

La pariétaire ou casse-pierre (que les Vénitiens appellent *parietaria* ou *muraiola* précisément parce qu'elle adhère aux parois et s'accroche aux murs) se rencontre plus souvent que les autres plantes de la même famille, dans des endroits bien différents les uns des autres : le long du Rio Marin, sur le pont della Maddelena, dans le Calle dei Ragusei, le long du Dorsoduro et en quelques autres lieux encore. Elle prospère surtout à proximité des ruines et des tas d'ordures. On ignore comment et de quoi elle se nourrit. Elle n'a pratiquement d'autre support que l'humidité infiltrée dans les interstices d'où elle jaillit. Elle ne dégage aucune odeur, même à l'époque où elle se pare de petites fleurs à peine visibles, en juillet et en août. Leurs pétales collent facilement aux vêtements. Des heures durant, ils demeurent sur les corsages des jeunes filles, soulignant la générosité de leur poitrine. On donne également à la pariétaire le nom de *vetriola* ou *viriola* (de *vetro,* verre) car on s'en sert, infusée dans l'eau chaude, pour laver les objets de verre, même les plus fragiles : coupes multicolores de Murano, graciles flacons, vases au long col, massifs cendriers. On en faisait jadis une tisane pour soigner les maux de gorge. Elle aidait les prima donna du théâtre Fenice, entre les deux grands incendies qui ont frappé cet établissement, à retrouver la colorature de leur voix après les tumultueuses festivités vénitiennes.

La cymbalaire, aux feuilles semblables à des éperons, ce qui lui a donné le nom qu'elle porte (elle est également appelée *lierre des murailles* ou *ruine de Rome*), puis la jusquiame, tantôt claire, tantôt sombre, la morelle ou herbe noire, l'arroche sauvage et quelques autres espèces apparentées ont sans doute été apportées en même temps que la pierre blanche d'Istrie : elles s'y sont fixées dans leurs interstices et se sont habituées à ce support stable mais creux. D'anciens botanistes ont répertorié les endroits où ces modestes hôtes, parents pauvres de la flore urbaine, ont réussi à se maintenir. À en juger par les témoignages qu'ils nous ont laissés, on pouvait trouver jusqu'au siècle dernier du trèfle aquatique dans des lieux tels que San Polo, Procuratie Vecchie, Santa Croce, Ca'Mocenigo, l'ancien et le nouveau Ghetto. On rencontre encore quelque réséda blanc près de Santa Maria di Rovinazzi, dans des endroits comme Marrittimo, Mestre et Marghera, sur des îles aussi différentes l'une de l'autre que San Giorgio Maggiore et Mazzorbo. Dans les manuscrits conservés à la bibliothèque Marciana et au musée Correr, on mentionne également le cheveu-de-Vénus ou capillaire, déjà connu de Pline (22,62), le ciste ou absinthe de mer, le crithme ou christe-marine, auquel on donne, sur une partie de la côte ouest de l'Adriatique, le nom étrange de *tassobarbasso* ; puis la chélidoine, qui tire le sien de la queue d'hirondelle à laquelle elle ressemble, ainsi que diverses espèces de mauve qui poussent le long du littoral et, pour finir, le thériaque *(triaca)*, antidote de nombreux poisons, d'après lequel les pharmacies vénitiennes étaient jadis appelées *triacanti*. On exportait cette plante dans tout le bassin méditerranéen. Son effet thérapeutique était particulièrement apprécié dans les Balkans et les pays du Levant.

Dans le Castello, près de l'église Santa Maria dei Derelitti et de son hospice, diverses herbes médicinales poussent au pied des murs. Les animaux domestiques savent les reconnaître. J'ai vu un chat et un chien les chercher ensemble et les arracher de leurs dents sans se les disputer. J'ai été également le témoin d'une scène semblable près de l'église Saint-Pantaléon (Pantalon, en vénitien), qui fut le médecin de Dioclétien. L'impitoyable empereur, originaire de Dalmatie, le fit exécuter pour s'être converti au christianisme. Ces modestes herbes soignent peut-être aussi la rage ou la cruauté, mais il n'y en a malheureusement pas en quantité suffisante.

Plan de la ville avec une partie de la lagune ;
gravure au burin, vers 1595.

Dans les lieux mentionnés par les vieux grimoires, ces plantes semblent être aujourd'hui moins nombreuses que naguère. Par endroits, elles ont complètement disparu. J'ai trouvé une touffe de jusquiame sur le Campo della Guerra, et de la cymbalaire près d'une tête de lion ornant un macaron du pont Canonica. Près des *fondamenta nuova*, dans une église jésuite abritant *le Martyre de saint Laurent* du Titien et *l'Assomption de la Vierge* du Tintoret, des touffes d'absinthe de mer s'accrochent aux murs extérieurs. Ces parents pauvres de la flore subsistent au cimetière San Michele, « île des morts » à laquelle, comme dans le mythe antique, on accède en bateau, longeant les sépultures de défunts depuis longtemps oubliés que plus personne n'entretient. J'ai également remarqué leur présence près des pierres tombales sous lesquelles reposent Joseph Brodsky, avec qui j'ai passé de nombreuses soirées loin de la Russie, et d'Igor Stravinski, qui jusque tard dans la nuit berce mes insomnies. À San Nicolò del Lido, dans le cimetière juif abandonné, bon nombre de ces plantes murales sont encore préservées ; elles jaillissent des monuments funéraires en ruines, car il n'y a plus de murs.

L'Arsenal lui-même ressemble par moments à un cimetière. Lorsque de ses deux darses sortaient chaque jour les bateaux ronds *(navi rotonde)* et les bateaux longs *(navi longhe),* les galères, galées et galions, les *cocche* et *caracche,* aucun brin d'herbe, dit-on, n'aurait pu y pousser, car il aurait été écrasé par les pieds puissants des constructeurs, arraché par leurs mains habiles ou meurtri par les quilles des navires. Maintenant, des touffes de mauvaises herbes poussent entre les briques, sur les quais, près des bittes d'amarrage rouillées et des chaînes brisées.

Celui qui connaît les herbes qui jaillissent ici de la pierre et poussent ainsi sur les murs est sans doute à même de poser un autre regard sur les tableaux des maîtres vénitiens. Un bouquet de pariétaires à la main, je me suis dirigé vers le palais Labia, décoré par Tiepolo : j'ai contemplé avec un œil reposé les peintures murales, remarquant des détails qui m'avaient échappé lors de mes précédentes visites. Je suis allé ensuite à la Scuola San Rocco, patron des pestiférés, décorée par le Tintoret. Sur une immense toile représentant la crucifixion, on voit, entre autres, une gracile morelle. Au pied de la croix, dressée au moyen de cordages qui soutiennent les bras et les épaules du Christ, une plante aux petites feuilles étranges, semblables à celles de la chélidoine, jaillit de sous une pierre. Et sur le tableau du même maître représentant la Cène, tout en clair-obscur, une herbe semblable à celles que je viens d'évoquer, pousse entre deux marches d'un escalier que monte un chien gris. Sur le *Calvaire* de Tiepolo, dans l'église Saint-Alvise, le Christ, détaché de la croix, gît sur un tas de pierres d'où dépassent de chétives petites feuilles de l'herbe murale. Sur un autre tableau de Tiepolo, longtemps exposé dans l'église Sainte-Agathe, chez les bénédictins de Lendinara, une longue pousse de pariétaire couleur vert sombre forme comme une torsade autour du manteau bleu de la sainte martyre. À la Galerie de l'Académie, on peut voir le *Capriccio con colonato e cortile* de Canalettto : le long de la colonnade, d'entre les dalles de la cour pénètrent des touffes d'une plante sauvage et anonyme.

À Jérusalem aussi des tiges semblables jaillissent de joints du Mur des Lamentations. Elles forment par endroits des petits bouquets, sans doute arrosés par les larmes de la prière ou du repentir.

J'ai marché ainsi pendant des jours, me lançant dans de nouvelles recherches, allant contempler à nouveau les tableaux de Carpaccio et de Giorgione, du Titien et de Veronese. Eux aussi, en leur temps, avaient longé ces murs où pousse cette flore triviale. À leur époque également, elle y croissait et se fanait. Elle était là, dans la Venise d'alors, comme elle l'est dans celle que j'arpente à présent. Ces plantes appartiennent à l'une et à l'autre.

Rares sont ceux qui connaissent encore leurs noms. Même les dictionnaires hésitent, les citant dans le désordre, les confondant. Les escaliers, les porches, les vérandas, les balcons les dérobent au regard des passants. Mais ce ne sont pas de simples mauvaises herbes qui empiètent sur les autres plantes. Aucune ne jalouse la place qui est la leur, elles ne dérangent personne. Une histoire différente, plus équitable, accordera à ce prolétariat végétal une place plus honorable. Sans lui, l'image du monde – et celle de Venise en particulier – serait certainement moins attrayante.

Anonyme : frontispice du volume *De Republica Venetorum,*
gravure sur cuivre, 1628.

Les plantes murales partagent la destinée d'une sorte de sculptures également incrustées dans les murs. Les unes et les autres ont élu domicile sur les façades, le long des fenêtres et des balcons, sur les ponts et autour des puits. Ces modestes sculptures sont baptisées *pietre*, pierrailles. Elles sont exposées au vent et à la pluie, à la chaleur et au froid, à l'humidité et à la moisissure, auxquels rien ni personne dans la Lagune ne saurait échapper. Les intempéries les rongent et creusent à leur surface des sillons semblables aux rides humaines. Les supports sur lesquels elles sont fixées ou apposées cèdent ou s'affaissent. Le crépi autour d'elles s'émiette et se délite. Des milliers de personnes passent près d'elles sans même les gratifier d'un regard. Ces gens se hâtent vers des monuments et des édifices plus imposants ou plus illustres.

Pendant des siècles, on a apposé ces modestes décorations sur les murs ou on les en a ôtées, selon les caprices ou les besoins. On les a achetées et vendues, passées en fraude et contrefaites. Les *pàtere* (vulgo : *patare*) et les *for-*

melle se distinguent tout particulièrement. Les premières sont rondes, les secondes angulaires. Leurs bords sont parfois dentelés. Elles se ressemblent et on les confond souvent. La plupart sont taillées dans la pierre blanche d'Istrie, dure et résistante. Certaines sont en marbre, de cette sorte précieuse qu'on faisait venir de l'île de Naxos, dans la mer Egée, de Pentilicus, près d'Athènes, ou bien encore de Paros. Nombre d'entre elles ont été coulées en simple plâtre mêlé de silice. Au XIXe siècle, Cesare Augusto Levi, descendant des Juifs marranes qui avaient été accueillis à Venise mieux qu'ailleurs après leur exode d'Espagne, fit remonter leur origine, plutôt qu'aux coupes rituelles des Grecs et des Romains, aux Patarins, adeptes d'une hérésie manichéenne proche de celle des Bogomiles des Balkans ou de celle des Albigeois du Languedoc. L'Église et la théologie ne lui ont pas donné leur aval, ses hypothèses ont été considérées elles-mêmes comme peu orthodoxes. Le mot *pàtere* est absent jusque du vieux dictionnaire de l'idiome vénitien de Boerio.

Les maîtres connus ont rarement travaillé à ces « sculptures extérieures » (on les appelle parfois ainsi : *sculture esterne*). C'était une activité assez méprisée et peu soutenue. Elle était habituellement pratiquée par des maçons et des tailleurs de pierre, des fils d'artisans et de commerçants, des marins qui entre deux embarquements cherchaient à gagner un peu d'argent ou à occuper leurs loisirs. Il n'est pas facile d'en classifier les motifs : armoiries des familles ayant laissé leur trace dans l'histoire ou complètement oubliées, blasons de nobles dont la lignée s'est éteinte depuis longtemps, boucliers de guerriers ayant péri sur le champ de bataille ou sur la proue d'une galère, emblèmes de fondations dissoutes, de confréries dispersées, bas-reliefs et plaques votives, médailles et médaillons.

À Santa Croce, non loin d'une niche avec une statue austère de la Vierge en prière, je rencontre l'effigie d'une jeune Vénitienne au visage voluptueux. Aux alentours se suivent des figures anthropomorphiques et zoomorphiques, des serpents et des dragons, des symboles de la grandeur ou de la vanité, du pouvoir ou de la contrainte, de la foi ou de la superstition. À côté des fenêtres bifores, trifores ou polyfores des porches et des loggias, des balcons ou des vérandas s'étalent des aigles à deux têtes, de cruels griffons, des lions de saint Marc. Ces derniers ont toujours été très nombreux et on en trouve encore partout, aussi bien sur les plus humbles *sestieri* que sur le Palais des Doges. Lorsqu'à la fin du XVe siècle Dürer vint pour la première fois à Venise, il fut étonné de voir autant de têtes léonines, alors que la ville ne comptait qu'un seul lion en chair et en os, susceptible de fournir un vrai modèle aux artistes.

Le style de ces œuvres, si proches qu'elles soient les unes des autres, varie considérablement : le roman, le gothique, le *gotico fiorito* à la vénitienne, le baroque, primitif ou tardif, avec parfois des éléments d'antique ou de néo-antique, originaux et copies. Ces sculptures des rues sont fort différentes des statues de personnages historiques et de citoyens de mérite que l'on trouve à proximité des grands palais, ainsi que de celles de saints et prélats près des autels. Les motifs profanes sont plus fréquents que les sujets pieux. L'inspiration païenne l'emporte sur la foi chrétienne. Comme cela a été constaté plus d'une fois, l'esprit latin et l'esprit byzantin ici ne s'excluent pas.

Les places sont nommées à Venise *campi* et *campielli*, seule la place Saint-Marc a droit au titre de *piazza*. Le glossaire que j'ai eu entre les mains précise également que seuls le Canal Grande et le Canal della Giudecca sont appelés canaux, les autres devant se contenter d'être des *rio* ; un *rio terra* est, pour sa part, un canal comblé de terre et de sable et transformé en *calle.* Sur les *campielli,* on trouve des puits ornés d'un anneau nommé *vera* (sur la côte opposée de l'Adriatique, ce mot a également pris le sens d'une bague de fiançailles ou d'alliance). En dessous de cet anneau, on voit à nouveau des écussons, des blasons et des armoiries ainsi que des emblèmes, des figures de la vie quotidienne, des grappes de raisins. Sans ces puits, les *campielli* sembleraient désertes, abandonnées. C'est là leur parure, même lorsqu'ils ont été meurtris par les heurts des seaux d'eau et les frottements des chaînes du treuil.

Dans une vieille librairie, sur la *salizzada* entre deux étroits passages près du théâtre Malibran, j'ai trouvé un gros volume consacré à ces « sculptures extérieures », que les rares spécialistes de cette forme d'art appliqué appellent aussi *sculture erratiche* – sculptures erratiques. L'ouvrage évoque les vicissitudes liées à leur apparition ou à leur disparition. Ruskin, à l'occasion d'un de ses séjours à Venise, avait esquissé les *pàtere* qui ornaient le Fondaco dei Turchi. Il en reste quelques-unes à cet endroit. Un modeste aquarelliste nommé Antonio Vucetich (à en juger par son patronyme, un mien compatriote de Dalmatie ou de Monténégro, un *Schiavone* ou *Morlaque*) a exécuté sur commande de nombreux croquis de ces sculptures, pour les préserver de l'oubli. Certaines d'entre elles sont encore à leur place, les autres ont disparu. On les a enlevées, arrachées comme les herbes folles ou les plantes murales, transportées Dieu sait où, vendues ou laissées dépérir. Une partie d'entre elles a été retrouvée à l'étranger, dans certaines collections renommées en Russie ou en Prusse, de ce côté de l'Atlantique ou de l'autre.

Cependant, une bonne partie de ces sculptures semble être toujours là. J'ai réussi à en retrouver plus d'une, à l'aide des écrits et des dessins qui leur étaient consacrés. Elles restent reconnaissables malgré les intempéries auxquelles elles ont été exposées et les affronts qu'elles ont subis. J'ai découvert trois « têtes erratiques » singulières, en pierre blanche, près du Rio dei Barcaroli. Elles sont telles que nous les ont léguées la plume et le pinceau de Vucetich. Un macaron avec une tête de vieillard, recouverte d'une sorte d'écharpe, m'attendait dans la Calle dei Spiriti, à sa place ancienne. Il a connu, lui aussi, les affronts du temps, une partie du nez a été arrachée, mais il demeure là où il était. Sur le Campiello dei Guardiani, un bas-relief en calcaire est assez bien conservé. On y voit le renard et la cigogne de la fable auprès d'une cruche oblongue dont seul l'oiseau peut, de son bec, toucher le fond. Près des escaliers qui mènent à Ca'Molin (dans le quartier de Santa Maria Zobenigo), deux énormes oiseaux, en marbre grec de Naxos, sont enlacés par le col, appuyés contre un sarment de vigne portant deux grosses grappes de raisin. Ils ont subi les assauts de l'âge, bien qu'ils soient de marbre, et c'est à peine si on les reconnaît. Le Ponte delle Ocche – le Pont des Oies – doit son nom aux deux grands hérons sous sa rambarde, en marbre de Paros. Ceux qui l'ont ainsi baptisé ont confondu ces hérons avec des oies, comme il nous arrive souvent de confondre les choses qui se ressemblent. Non loin de là j'ai rencontré un aigle fondant sur un lièvre recroquevillé d'effroi. Un harmonieux ensemble de *pàtere* et de *formelle* est également conservé sur la façade de la Ca'da Mosto, près du Canal Grande.

Les lions de Saint-Marc sont de différentes sortes : ailés, assis *(in moleca)*, triomphants. Les historiens nous rappellent que l'armée de Bonaparte, quant elle est entrée pour la première fois dans Venise, a tenté de les interdire par décret : le 30 floréal 1797, le général de division Victor Perrin s'est élevé contre l'usage de ce symbole : « La municipalité de Venise expose avec pompe des représentations de saint Marc dans l'espoir de soumettre à nouveau ses honorables et honnêtes citoyens à la terreur de l'Inquisition. C'est un pas vers le machiavélisme. » Le général ignorait que saint Marc, à la différence de saint Pierre et de saint Paul, n'était jamais allé à Rome et que le culte qu'on lui vouait fut, entre autres, une manière de résister à la suprématie pontificale. Ce jacobin ne savait pas non plus de quelle trempe est la foi des Vénitiens. Les lions de saint Marc sont demeurés les protecteurs de la ville et les défenseurs de ses biens, gardiens du Golfe de Venise, garants du pouvoir de la Sérénissime.

Toutes ces sculptures « extérieures » ou « erratiques » (*esterne, erratiche,* etc.) peuvent, enfin, être classées en quelques catégories : les unes ornent et surélèvent les façades des palais, les autres sont apposées sur les murs de ruelles étroites et ombrageuses pour les embellir et les anoblir. Ces dernières – les seules qui nous intéressent en l'occurrence – représentent une forme d'art particulière : celui de la ville et des citadins, du peuple et de la rue. Une sorte d'*arte povera* qui nous apprend à regarder avec humilité ce qui est au-dessus de nous. Il atténue la superbe et rabat toute arrogance.

Les grands peintres ont rangé certains de ces ouvrages dans leurs propres archives, si exigeantes. Auprès du pont qui enjambe encore le *rio* Tana, au sein de l'Arsenal, se trouvait un oratoire dédié à la Sainte Vierge, détruit par les troupes françaises en 1809 : un vieux tableau de Canaletto a conservé l'image de sa façade avec, dessus, une suite harmonieuse de *formelle.* Sur un des derniers retables de Tiepolo, haut d'environ sept mètres et connu sous le nom de *Sainte Thècle libère Este de la peste*, on voit sur le fond de la toile, peint en un jaune incandescent, sous les cadavres des malheureux ayant succombé à l'épidémie, une tête ceinte d'une guirlande se détachant sur un mur : il s'agit là d'une grande *pàtera* ou d'une imposante *formella.*

Les pierres « erratiques » et les plantes murales voisinent. Les unes se désagrègent et disparaissent, les autres se dessèchent et fanent. Les destins des unes et des autres se ressemblent et s'unissent.

Anonyme : plan de la ville entouré de médaillons ;
inscription : *Venetia(e)* ; gravure sur bois, 1604

L'histoire de Venise est déjà écrite, et j'ignore ce qu'on pourrait y ajouter. En ces lieux (je note ces lignes dans la Lagune, sur la petite île de San Giorgio in Alga) coulaient jadis des rivières : on voit encore dans les canaux des vestiges de leurs lits. Elles ont déposé des alluvions, érodé les rives, coupé ou relié les bancs de terre. Qui pourrait dire comment la terre ferme et les cours d'eau, dans le tohu-bohu d'éléments, se sont ici unis et divisés, opposés et réconciliés ?

Les premiers habitants de cette contrée ont-ils effectivement descendu les fleuves, apportant les coutumes de leur patrie d'origine située là-bas, quelque part au nord, sur les bords de la Vistule ou de la mer Baltique ? On ne saurait émettre à ce propos que des suppositions, toutes traces concrètes ayant disparu. Les réponses données par les chercheurs qui travaillent sur cette question sont contradictoires. Ce que, par contre, nous savons avec certitude, c'est que les anciens Vénètes, avant de devenir vénitiens, ont porté leur choix sur la bonne mer, l'Adriatique. Elle s'appelait naguère mer Supérieure *(Mare superum)*, tandis que de l'autre côté de la presqu'île, la mer Tyrrhénienne était qualifiée d'inférieure *(Mare inferum)*. La mer Ionienne était considérée parfois comme un golfe de l'Adriatique. À l'époque où saint Paul s'est lancé dans le périple œcuménique qui allait le conduire de la Terre Sainte à la Ville éternelle, l'*Adrìa* (ou *Hadria*) s'étendait jusqu'à la Crète et à la Tunisie, baignait la Sicile et Malte – c'est du moins ainsi que la voyait saint Luc dans les Actes des Apôtres (27). L'Évangile surestimait probablement les dimensions de l'Adriatique, non sans quelque raison : sur la côte est de cette mer devait naître saint Jérôme, traducteur des Écritures, dans la ville de Stridon, rasée par les barbares au point qu'il n'en reste même pas de ruines. Nous ignorons où, en Dalmatie, elle se trouvait exactement.

Il serait risqué d'avancer que les premiers habitants de la Lagune sont venus s'y établir guidés par les Évangiles. On sait cependant que l'Adriatique tout entière s'appellerait bientôt Golfe de Venise. Ainsi la nommeraient les amis et les ennemis de la Sérénissime. Le chroniqueur turc Evliya Celebi (connu en Bosnie sous le nom Evlija Tchélébia) emploie pour sa part, dans son récit de voyage *Seyyahat name*, le terme *Venedik Körfezi* (Golfe de Venise), de préférence à l'appellation *Korfez Deryasì*, empruntée aux Perses.

La Lagune était dangereuse, mais elle pouvait aussi apporter le salut. Les Vénètes avaient compris quel sort funeste avait frappé la ville voisine d'Aquilée, qui passait jadis pour la « Deuxième Rome ». Elle avait été prise par des Avars. Ses habitants avaient dû se réfugier sur la petite île de Grado, afin de sauver leur vie et tenter de se défendre. Derrière eux, il n'était resté que terre brûlée. La ville d'Hadria ne s'en était pas non plus bien sortie. S'y croisaient jadis les routes du sel, du blé, de l'huile, de l'ambre, de l'étain et Dieu seul sait de quelles autres marchandises. C'était un centre si important qu'il a donné son nom à l'Adriatique. Mais les villes résistent mal à la furie des éléments. Les bras du Pô – Bocche di Po, Po di Levante, Po di maistra, di Pila, di Tolle, di Goro, di Gnocca – coupaient de plus en plus (H)adria de l'Adriatique. Ses voies d'accès à la mer s'envasaient, ses relations avec le monde devenaient de plus en plus difficiles.

Le récit en serait trop long et pénible à raconter. Les ancêtres des Vénitiens avaient très vite compris que la Brenta et l'Isonzo étaient moins cruels que le Pô et qu'il leur serait possible d'échapper à la destinée d'Adria. Ils avaient conscience de ce que les barbares n'aimaient pas l'eau et souvent ne savaient pas nager : la mer, la boue, la vase pourraient leur éviter le malheur qui avait frappé Aquilée. C'est peut-être là qu'a commencé la véritable histoire de Venise et de la Lagune.

Anonyme : plan de la ville et de la lagune ;
inscription : *Venise – Ville Capitale de la République de Veni(se), située dans le Golfe qui porte son nom* ; eau forte, deuxième moitié du XVIIe siècle.

Si l'histoire du pain a évolué parallèlement à celle de la ville, elle a dû aussi emprunter ses propres chemins. Les liens, tant maritimes que terrestres, avec les ports et l'arrière-pays ont enrichi et Venise et son pain. Des provéditeurs spécialisés – *Provveditori sopra le Biave* – étaient chargés de l'approvisionnement en blé et en farine, de leur conservation et de leur distribution. La panification était à la fois publique ou privée. Chaque monastère possédait son four, chaque ordre son propre règlement, toutes les églises vénéraient la sainte hostie. Les artisans qui pétrissaient le pain, le faisaient cuire et le vendaient portaient des noms divers : *fornero, pistore, panettiere* ; on les appelait également *panicuocoli*, par affection. Leur corporation s'enorgueillissait d'être qualifiée d'*Arte.* Les boulangeries arboraient leurs enseignes et propageaient alentour les senteurs de leur produit. On distinguait les quartiers – les *sestieri* – à l'odeur de leur pain.

Les commerçants se montraient exigeants quant à l'origine et à la qualité de leurs céréales. Ils les faisaient venir plus volontiers de la mer Egée que de la mer Ionienne, et parfois même de la mer Noire ou de celle de Marmara. Les champs de Candie et de Morée, de Samos et de Rhodes donnaient des moissons abondantes. Des galères spéciales transportaient le grain du meilleur choix vers la Sérénissime, les autres devant se contenter du tout-venant. On veillait à le conserver bien au sec dans la cale durant le voyage et à le protéger des moisissures une fois qu'il était déchargé dans les *fondachi* (entrepôts). Il était confié aux moulins érigés sur les sept cours d'eau descendant des Alpes dans trois lagunes contiguës. Jusqu'au début de l'ère de la mécanisation, la meule était actionnée par des ânes, des bœufs ou des prisonniers. D'aucuns avaient prétendu que les machines changeaient la qualité et le goût de la mouture. Les fours à pain étaient construits selon les anciens modèles orientaux, leurs parois doublées de dalles de pierre ou de briques, puis de céramique qui abondait à Venise plus que nulle part ailleurs. Le bois dont on les alimentait était stocké hors de la ville plus d'une année à l'avance, pour qu'il sèche et durcisse. On brûlait le plus souvent du chêne ou du châtaignier, on évitait le hêtre et le peuplier. Les roseaux, qui foisonnaient dans certaines parties de la lagune, servaient aussi de combustible. On ajoutait parfois une petite branche de sapin ou de cyprès donnant une odeur particulière au levain et à la pâte.

Le pain se fabriquait de diverses manières. À Venise se rencontraient la tradition romaine, les rites chrétiens, l'influence de Byzance, l'héritage du Levant, l'habilité du Mashrek. Les artisans qui avaient fui Aquilée avaient conservé leurs anciennes expériences et les avaient transmises aux contrées environnantes. Ils connaissaient non seulement les pains courants, d'orge, de seigle, d'avoine ou d'épeautre, destinés aux gens du peuple, aux paysans et aux soldats – *panis plebeius, rusticus, castrensis* –, mais aussi un bon pain blanc, moelleux à souhait, qu'on fabriquait autrefois avec les meilleurs froments à Pompei *(siligo panis)* ainsi qu'un autre, sans doute encore plus blanc et plus moelleux, dont Horace avait fait l'éloge à la table de Mécène. Le premier a survécu au cataclysme volcanique, le second à la chute de l'Empire. Il a conservé sa réputation, ainsi que son appellation de « pain césarien ».

Avant la prise de Constantinople, les contacts avec Byzance étaient fréquents, les relations suivies. Les Vénitiens avaient trop le sens pratique pour ne pas adopter ce que les autres savaient mieux faire qu'eux-mêmes et dont ils pouvaient tirer profit. On ne sauva pas que des livres de l'ancienne capitale de l'Orient avant qu'elle ne devînt Istanbul. De la Grèce antique, la ville de Constantin avait hérité une cinquantaine de pains : outre le populaire *phois* et le démocratique *cyphes*, elle connaissait l'*amilois*, de fine fleur de froment, dont le riche Athénien Démias avait jadis régalé Aristophane. Sans doute n'avait-on pas oublié non plus l'*arind* qu'aimait tant Sophocle et qu'on nommait parfois « pain d'Ethiopie ».

Le christianisme a conféré au pain une signification noble en l'élevant à l'autel, au rang du rite eucharistique. Les premiers saints patrons des boulangers furent saint Antoine de Padoue et saint Job martyr. Saint Benoît a inclus dans sa *Regula* des dispositions très strictes concernant la fabrication et la consommation du pain dans la vie monacale – et les bénédictins furent nombreux sur le territoire de la République. Les camaldules et les franciscains, en particulier ceux qui s'inspiraient de l'exemple de saint François et des « pauvres d'Assise », vénéraient, tant dans la sacristie qu'au réfectoire, ce noble produit de la terre et de la main de l'homme que le Christ a identifié à son corps. Les reliques de saint Marc, protecteur de la République, furent transférées à Venise d'Alexandrie, et celles de saint Nicolas arrivèrent sur la côte adriatique de Myra en Lycie. La religion a contribué à établir la réputation du pain vénitien. Les prophètes bibliques avaient fait l'éloge du « pain de la vie ».

Des séfarades chassés d'Espagne et du Portugal sont venus s'installer dans la ville. Les marranes y étaient moins nombreux qu'à Livourne, mais on en comptait davantage que dans les autres villes d'Italie. Durant la semaine de la Pâque, on y préparait la *matsah* qui, selon la tradition consignée par les rabbins dans la *Halakhah*, devait être sans levain, azyme, à la différence du *hamets*, consommé quotidiennement. À la veille du shabbat ou pendant Yom Kippour, une odeur particulièrement agréable, accompagnée d'une prière inaudible, se répandait de l'ancien ghetto jusqu'au nouveau. On la sentait depuis les églises Saint-Job et Saint-Jérémie, toutes proches, et de plus loin encore. Les habitants de Venise étaient trop curieux pour ne pas se demander d'où elle provenait et ce qu'elle signifiait. Dans la Terre Sainte existait autrefois le « pain des larmes ».

Lorsque les Ottomans conquirent les villes et le littoral grecs, une grande partie de la population abandonna ses foyers pour aller se placer sous la protection de la Sérénissime. Ces Grecs d'émigration érigèrent dans le Castello une église de rite oriental, consacrée à saint Georges. Elle a été conservée et porte toujours le nom de San Giorgio dei Greci. Elle est jouxtée par deux fours à pain communautaires. Ils ont fait don à la ville de leur pain de la nostalgie.

La petite île de Saint-Lazare des Arméniens (San Lazzaro degli Armeni) est isolée entre le Lido et Sainte-Hélène. Les moines y préservent la mémoire de leur peuple : livre, prière, sagesse. Les jours de fêtes, ils fabriquent un pain blanc et plat qu'on nomme *hats* en langue arménienne. Lors des réjouissances, ils pétrissent aussi le *ciorek*, saupoudré de sésame ou farci de raisins secs. Ils ont offert aux pauvres de Venise leur pain de l'exil.

Lorsque les caravelles espagnoles rapportèrent dans l'ancien continent les premiers sacs de maïs, les Vénitiens les chargèrent sur leurs navires et allèrent les vendre au sultan turc d'Istanbul, ce qui l'aida à sauver son empire de la famine. Ils en gardèrent cependant quelques-uns pour eux-mêmes, dont ils fabriquèrent un pain jaune que l'on rencontre encore dans la Lagune et alentour : appelons-le pain de l'humilité.

Le pain de Padoue – la fine *spaccatina,* le gros *bastone*, le gracile *pan scafetò* – a longtemps été considéré comme meilleur même que celui de Venise. On se souvient de l'adage : *pan padovan, vin vicentin.*

Non loin de l'arsenal (« Arzenà de'Veniziani »), à Saint-Martin et dans ses alentours, il existait jadis plusieurs boulangeries où l'on fabriquait le fameux *pane biscotto* : galettes plates, carrées ou rondes, salées ou non, dont se nourrissaient les marins pendant leur navigation au long cours. On les appelait *buffi, baicoli, bianchetti, pandoloni* et Dieu sait comment encore. Certaines, qui se cassent facilement d'un coup de chiquenaude et se ramollissent dès qu'on les trempe, étaient utilisées aussi pour épaissir le brouet trop clair servi sur les bateaux, le *frisopo*. On prétend que la recette de ces biscottes vient du Levant, qu'on la tient des anciens « peuples des mers » auxquels la Bible fait plus d'une allusion. Les Vénitiens l'ont sans doute améliorée. Leurs biscottes étaient meilleures que celles de Gênes ou de Marseille, de Barcelone ou d'Odessa. Ils les exportaient partout où ils le pouvaient. J'en ai mangé à Split, au Pirée, à Valona, à Alexandrie et je ne sais où encore : le pain des gens de la mer.

Venise a été conquise par Bonaparte, qui ne l'aimait guère, et par l'Autriche, qu'elle-même n'a point aimée. Les troupes françaises y ont apporté, en même temps que *la Marseillaise*, leur modeste pain bis républicain. D'autres relations qui s'étaient établies avec Paris ont permis aux Vénitiens de découvrir également le subtil pain de festin ainsi que les délicieux petits fours. Les archives font état de nombreux boulangers d'Allemagne ou d'Autriche, et plus particulièrement de Carniole, venus s'établir à Venise, où il exerçaient consciencieusement leur métier, déjà avant l'occupation. Le *panino* rond et léger s'est parfois inspiré du *Kipfel* ou du *Kaiser-semmel*. De l'Europe centrale jusqu'aux rives méridionales arriva « le pain de la patience ».

Aussi le pain de Venise condense-t-il en lui-même toutes ces traditions et influences si diverses. Elles nous aident à comprendre ses différentes formes, à expliquer ses origines, sa qualité ou sa composition, à établir une hiérarchie entre ses espèces ; peut-être également à traduire ses multiples appellations : *ciabatta, cioppa (ciopa)* et *ciopetta, ambrogiano, bovolo, montasù, pane arabo, pane azimo, pane biscotto, anaretta* et *puccia di Cortina, rosetta, manina* et *navicella, zocoletto* et *gialetto* (en dialecte, on utilise le mot *zaetto* pour désigner ce petit pain de maïs à la mie jaune et à l'écorce beige), sans oublier le luxueux *pan buffetto* ni l'ordinaire *pan tagliato* ou *traverso*... Les saints y ont également leur part, cela va sans dire : le *pan Ambrogiano*, le *pan di San Biagio* et le *pan di San Nicolò* ont été nommés d'après saint Ambroise, saint Blaise et saint Nicolas. Il existe aussi, bien sûr, un *pane dei Morti* pour le jour des morts et la Toussaint.

J'ai trouvé ces noms en compulsant de vieux manuscrits et en me promenant par les rues de Venise. J'entrais dans toutes les boulangeries que je trouvais sur mon chemin et demandais à leurs propriétaires des renseignements sur les pains qu'ils faisaient et ceux dont ils avaient entendu parler. Libre à chacun de compléter cette liste au gré de ses propres errances dans la Lagune ou de ses visites aux rayonnages de la *Marciana*. Il y a à Canareggio deux ruelles proches l'une de l'autre nommées d'après leurs fours à pain, Calle del Forno : la première se trouve près de

Anonyme : vues de Venise (gauche et droite) ; inscription :
Origine e principio della città di Venetia – vero e reale sito della città di Venetia e sue qualità ; gravure sur bois, moitié du XVIIIe siècle.

l'église Sainte-Sophie, la deuxième non loin du Rio dei Santi Apostoli. À proximité du Campo di San Luca, dans le centre, tout près du théâtre Goldoni, on en trouve une troisième. Cela en dit long sur l'importance du pain à Venise.

Depuis leur plus jeune âge jusque dans leur vieillesse, les Vénitiens contemplent toutes sortes de pains dans leurs églises. Dans la cathédrale Saint-Marc, sur la face nord de la coupole de l'Ascension, une immense mosaïque, œuvre de Domenico Bianchini d'après un carton du Tintoret, représente la Cène : la main du Christ est arrêtée au-dessus d'un pain, prête à le rompre et à le bénir. Dans l'église de Santa Maria della Salute, on trouve une *Noce de Cana* du même maître : de longues rangées de pain sont alignées sur la table devant les convives. Si l'on visite attentivement le Palazzo ducale, on remarquera une *Insegna dell'arte dei fornai* (Enseigne de la corporation des boulangers), ainsi qu'une grande composition d'Andrea Vicentino représentant une « distribution des pains » en temps de guerre.

Le pain est partout présent, différent d'un endroit à l'autre, vénéré de toutes parts et préparé de nombreuses manières. Le Tintoret lui a consacré plusieurs grands tableaux : *La Récolte de la manne (Raccolta della manna)* décore le plafond de la salle supérieure de la Scuola di San Rocco. La manne n'y ressemble pas à des grains de coriandre, comme elle est décrite dans les Saintes Écritures, mais à des petits pains, d'un côté, et à de grandes hosties, de l'autre. *La Cène* que l'on peut voir dans la même Scuola nous offre aussi plusieurs sortes de pains : à un bout de la table, un petit pain rond que la main tendue du Christ approche des lèvres des apôtres ; à l'autre bout, se trouvent encore deux grands pains, mais pas azymes comme ils devraient l'être en cette période de la Pâque où Jésus se séparait de ses disciples ; sur le devant du tableau un mendiant s'allonge près d'un chien et d'un pain bien levé ; à l'arrière-fond, là où se prépare le repas, on devine un four d'où une servante sort deux fougasses manifestement azymes. Les pains du *cinquecento* ont laissé à Venise des traces qui subsistent de nos jours.

Giotto avait peint jadis des galettes fines et plates, conformément aux représentations propres au monde chrétien de l'Antiquité et du Moyen Âge. Un nouvel âge et une vision du monde renouvelée les ont fait se lever et gonfler. Dorénavant la Cène allait exposer le pain de la Renaissance.

Dans les geôles vénitiennes, on distribuait aux prisonniers le « pain de saint Marc ». Sauf dans des circonstances exceptionnelles, la portion, accompagnée d'une cruche d'eau, permettait tout juste de survivre. Dans les endroits peu fréquentés, sur les murs des maisons ou des églises, on remarquera peut-être des portillons métalliques couverts de patine ou de rouille, près desquels on peut lire l'inscription : *Pane per i poveri*. J'en ai trouvé un dans l'étroite Calle de le Carozze, près du Palais Grassi, sur le mur latéral de la petite église consacrée à saint Samuel, sous la statue de la Vierge. On y laisse parfois une obole en plus d'un quignon de pain. En dépit de sa cupidité et de l'usure qu'elle pratiquait, la Sérénissime connaissait aussi la pitié et la charité. Outre le pain de l'opulence et celui de la croyance, elle n'a pas oublié, non plus, le pain de la misère et celui de la miséricorde.

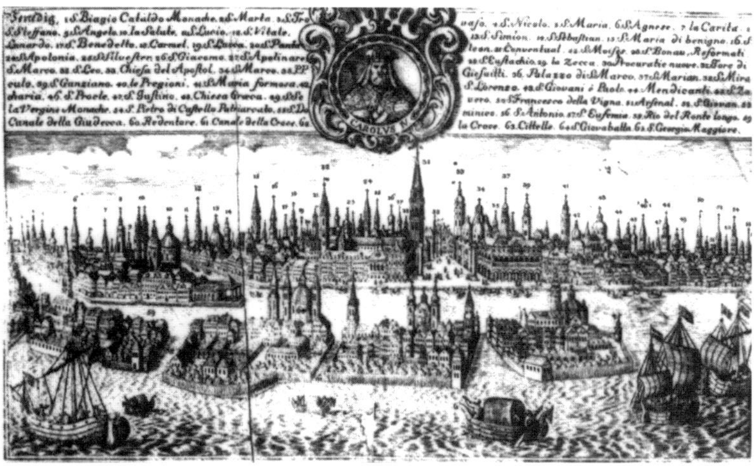

Anonyme : vue de Venise, avec un portrait de l'empereur Charles (Karl) IV et une liste de 65 toponymes ; inscriptions : *Carolus IV, Venedig* etc. Gravure sur cuivre, moitié du XVIIIe siècle.

Sur la petite île de San Servolo, il y avait autrefois un asile psychiatrique. Il a été transféré ailleurs. Les malades ne sont plus là, mais leurs traces demeurent. Le furieux Anzolo, dit la *ciabatta* (savate) se promenait sur ce sentier, le fier Zorzi, qui n'avait pas de surnom, empruntait celui d'à côté. Ils se rejoignaient au petit carrefour, près du puits entouré d'une *vera,* s'arrêtaient un peu et discutaient, le regard perdu dans le lointain, en direction de Sainte-Hélène et de Giudecca. Le vent était l'unique témoin de leurs conciliabules. Ils n'ont jamais réussi à attirer personne d'autre, bien qu'ils l'eussent souhaité. Les pensionnaires de cette institution, comme le rapporte l'une de ses chroniques, se reprochaient mutuellement de n'avoir plus toute leur tête, se moquant les uns des autres. Chaque malade cherchait un plus malade que lui, chaque fou un plus fou.

Et se n'est pas seulement sur cette petite île que l'on se comportait ainsi. Des agissements semblables ont été consignés dans l'histoire de Venise. Les vieilles mouettes, que leurs ailes ont du mal à porter jusqu'à leur cimetière dans un endroit peu connu de la Lagune, près des marais dits des Sept Morts (Fondi dei sette Morti), se conduisent différemment. Chacune laisse l'autre souffrir et mourir en paix.

Dans le jardin du palais abritant aujourd'hui le musée d'Art moderne se trouve un minuscule cimetière pour chiens. Ils ont été enterrés là par leur maîtresse qui les a aimés et pleurés. Sur les pierres tombales de marbre sont gravés leur nom, parfois surnom, date de naissance et de décès. Une main inconnue y dépose de temps à autre des roses et les enlève quand elles commencent à se faner. Le musée est public, le cimetière est privé. Beaucoup passent à côté sans même le remarquer. Je n'ai pas réussi à découvrir où les Vénitiens, pour leur part, enterrent leurs chiens et s'ils ont seulement coutume de le faire. Dans le Vieux Lazaret, là où se dressait naguère la petite église de Sainte-Marie-la-Nazaréenne, il y a un refuge pour chiens errants, perdus ou abandonnés, mais aucune tombe ni pierre tombale.

La propriétaire du palais Guggenheim affirmait que « pour les habitants de cette ville, un enterrement où l'on ne verse pas de larmes n'en est pas vraiment un ». Elle-même venait de loin. Elle a été inhumée dans un cimetière à proximité du palais où elle a vécu avec ses chiens, qui lui étaient si dévoués.

Anonyme : plan de Venise, au milieu des monuments et des îles (Giudecca, San Giorgio Maggiore, San Clemente, San Spirito etc.). Inscription : *VENETIA Città nobiliss(ima) e singolare;* xylographie, 1633.

La puissance, la domination et les conquêtes, la richesse et le luxe, le commerce et la luxure ont contribué à donner une image trop simplifiée de Venise, par trop réaliste ou raisonnable. D'aucuns remarquent plus facilement son côté exotique que son penchant pour l'ésotérisme. On oublie souvent qu'elle a attiré – et attire toujours – de nombreux occultistes, spirites, adeptes de la magie tant noire que blanche. Ils ont parfois tenu leurs activités secrètes, les cachant même de leurs concitoyens. L'Histoire ne s'est pas efforcée de retenir les noms des plus habiles intrigants de la République, joueurs, escrocs, spéculateurs, tricheurs ou ventriloques. Ils étaient bien plus nombreux dans la Lagune naguère que de nos jours. Les Vénitiens eux-mêmes se souviennent peu de certaines grandes figures du passé, telle la comtesse Tagliapietre, qui fut béatifiée – elle semblait traverser le Grand Canal en marchant sur les eaux, bien qu'elle ne fût pas une sainte.

Il y avait autrefois des devineresses, inspirées et inspiratrices. On en rencontre désormais de moins en moins.

Casanova nous a raconté, dans ses *Mémoires,* comment l'une d'elles l'avait guéri d'hémorragies persévérantes, rebelles à tout traitement. Elle l'enferma tout d'abord dans un coffre en fer puis lui amena, en rêve, « une merveilleuse jeune femme en crinoline, très distinguée sous sa couronne dont les pierres précieuses brillaient telles des étincelles... À la fois pleine de douceur et majestueuse, elle se dirigea à pas légers vers mon lit et s'assit à côté de moi ». Le futur séducteur n'avait alors que huit ans.

Ces personnalités exceptionnelles ont contribué, elles aussi, à créer l'image de Venise, du moins à soutenir sa réputation. L'Histoire ne leur a pas accordé la place qu'elles méritent. Elle les a reléguées dans la « petite histoire ».

Anonyme : plan de la ville et les embarcations préparées pour la Régate (avec, au milieu, le Bucentaure) ; inscription : *Città di Venetia consacrata al validissimo patrocinio della sacratissima Vergine et al glorioso s. Marco protettore della medema* ; gravure sur cuivre, début du XVIIIe siècle.

Non loin du Campo delle Beccarie, sur lequel se trouvait jadis l'abattoir municipal et où les *bàcari* proposaient à leurs clients de « boire une ombre » (ainsi appelle-t-on toujours une petite coupe de vin blanc), il y a un passage souterrain au nom étrange : Sotoportego del « Banco giro ». Tout près, là où les venelles sont plus étroites et plus sombres qu'alentour, souffle une douce brise. On ignore si elle vient de loin ou si elle se forme ici, car les lieux environnants se réchauffent et se refroidissent différemment selon qu'ils sont à l'ombre ou au soleil, au bord de l'eau ou éloignés des canaux. La différence de température crée un courant d'air, agréable en été. Elle suscite peut-être aussi à cet endroit des attentes ou des états d'esprit particuliers.

Sur cette place vient chaque jour un vieillard presque aveugle. Il ne distingue plus que les contours des objets et des visages. On l'appelle Vida, je ne sais s'il s'agit de son nom ou de son prénom. C'est sa petite-fille, Patricia, avenante et pleine de sollicitude à son égard, qui l'amène. Elle le laisse seul là toute la journée, conformément à son souhait. Le vieil homme salue les passants de la main dès qu'il entend leurs pas et commence à leur parler d'une Venise qu'ils ne connaissent pas ou ne voudraient peut-être pas connaître. Cela vaut la peine de s'arrêter, pour l'écouter évoquer à sa manière des choses que peu de monde connaît et que presque personne ne remarque.

J'ai noté des bribes de ses propos, et j'espère ne pas en avoir déformé le sens en les condensant :

« Il existe un endroit, entre San Giacomo dell'Orio et le pont des Scalzi (Déchaussés), au sein d'un dédale de calli, où un mur écroulé ouvre une porte d'air ; c'est ainsi qu'on accède au Grand Trésor, mais je ne sais comment on en revient... »

« Le vent froid de début novembre, en approchant de la pointe de la Salute, se fait de plus en plus violent, de plus en plus glacial, comme pour empêcher quiconque d'atteindre ce que jadis on appelait la Pointe des Suicidés... »

Je m'interroge sur la ponctuation : comment conviendrait-il de marquer le début et la fin de ces phrases pour ne pas trahir la couleur de la voix de l'aveugle ?

« Le long des labyrinthes de Cannaregio, aux abords de Santa Fosca, vit une petite communauté qui parle une langue de l'Antiquité ; le commerce s'y fait en galettes, en épices et en talismans... »

« Il y a ceux qui habitent dans une certaine calle du côté de San Pietro in Castello, ils sont quelques centaines, toujours joyeux, qui ont tous le même nom – oui, on sait qu'ils habitent dans une certaine calle, mais personne n'est jamais allé chez eux... »

Je suis revenu plusieurs jours d'affilée écouter Vida. Il répétait ce qu'il avait déjà récité, ajoutant de nouvelles bribes, à la fois semblables aux précédentes et assez différentes. Je me demandais s'il existait un rapport entre ses propos et le lieu où il les tenait, près de ce Sotoportego et de ce Banco giro. Peut-être ne s'arrêtait-il là qu'à cause de la brise qui souffle dans ces venelles ?

Je notais encore :

« Le touriste qui va et vient par les rues et les ponts tombe parfois sur une église ne figurant dans aucun guide ; qu'il n'y entre pas – car, pour en sortir, il devrait satisfaire aux caprices des prêtresses Morganes, et s'il s'en revient libre personne ne croira jamais à son histoire... »

« De temps à autre, quelques boutiques ferment, disparaissent, sont condamnées, vieillissent prématurément ; personne ne parvient jamais à retrouver ni leurs propriétaires ni leurs anciens occupants ; s'en enquérir n'est pas sans risques, particulièrement le dernier vendredi du mois. »

« À une heure du matin, une très vieille dame, tout de blanc vêtue, fait les cent pas de San Giacomo à la Ruga Rialto et de la Ruga Rialto à San Giacomo ; elle a une canne et tient en laisse un chat siamois ; c'est toujours comme ça, le 3 septembre de chaque année. Je l'ai vue, ma mère l'a vue, ainsi que ma grand-mère et la mère de ma grand-mère... »

J'écoutais attentivement les discours du vieux Vida et je commençais à les répéter à voix haute en dépit de ma crainte d'usurper la parole d'autrui. J'ai demandé un soir à Patricia si elle les consignait. Elle m'a répondu que ces propos n'appartenaient pas au vieil homme. Lorsqu'il se couche le soir et, fatigué, allume sa chandelle, elle lui lit les livres et les manuscrits de poètes inconnus. Il les apprend par cœur, m'expliqua-t-elle, les ressassant toute la nuit ; puis au matin il les récite, tant pour lui-même que pour les autres. Il entend ainsi préserver une certaine beauté de sa ville, faire ce qui est en son pouvoir pour l'empêcher de disparaître ou de sombrer dans l'oubli.

Une bonne partie de ce que j'avais entendu et noté ces jours-là était extraite d'un recueil intitulé « Le peuple caché » *(Il popolo nascosto)*, publié par Fonema, une maison d'édition pratiquement disparue et écrit par un Vénitien quasi inconnu appelé Mattiazzi. Son nom de famille et le mien ont la même origine : saint Matthieu, l'Évangéliste.

Je n'ai rien ajouté à cette histoire si ce n'est son cadre. Tout le reste est vérifiable. J'ai rendu visite au vieillard

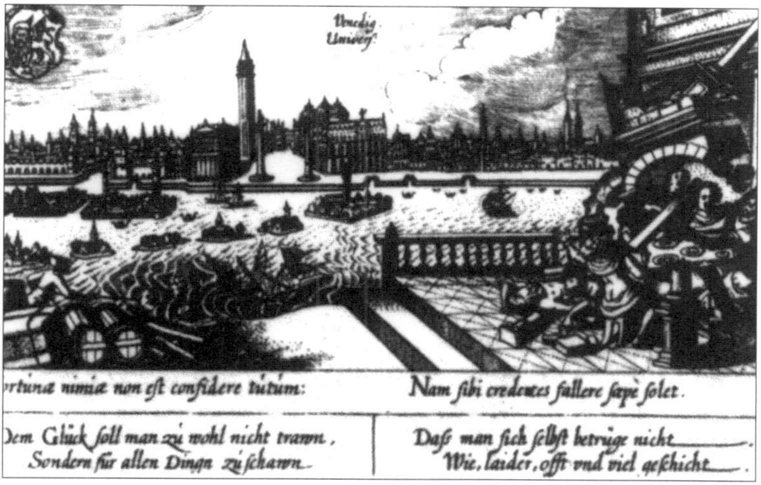

Anonyme : perspective de la ville ; inscription en latin et en allemand :
Fortunae nimiae non est confidere tutum, etc.
Gravure sur cuivre, 1637.

dans sa modeste demeure. Je lui ai demandé ce qu'il convenait de voir à Venise et que personne habituellement ne regardait, ce qu'il fallait apprendre et que seules de rares personnes savaient. Il m'a dirigé d'abord vers l'église San Pietro di Castello qui, il y a deux siècles encore, était la cathédrale de la ville. Là, dans le trésor, se trouve conservée une énorme chaire sur laquelle saint Pierre se serait reposé lors de son séjour à Antioche. Dans ce « trône » (on l'appelle ainsi) est dissimulée la coupe à laquelle le Christ sur la croix aurait bu ses dernières gouttes d'eau et de vinaigre. Cet autre « Saint-Graal » a été rapporté, à l'époque des croisades, de la forteresse iranienne de Takht-I-Sulaiman sur la côte adriatique. On l'a ensuite offert au roi normand qui régnait dans le sud de l'Italie, sous le nom de Federico secondo. C'est ainsi que ce calice a abouti à Venise et y resté. « Allez vérifier qu'il y est toujours. »

Lors d'une épidémie de peste dans le Vieux ghetto de Venise, presque tous les enfants moururent. Les pleurs des parents, les longs sanglots des mères s'entendaient loin alentour. Les rabbins jeûnaient et priaient Jahvé de mettre fin à la contagion. Le plus âgé d'entre eux se rendit une nuit en barque au cimetière juif, près de San Nicolò du Lido. Là, il aperçut des cadavres d'enfants dansant, enveloppés de leur *tahirihim.* Il apprit que les enfants mouraient parce qu'une mère avait, avec l'aide du père, étranglé son propre nouveau-né. Il convoqua tous les parents, découvrit ceux qui avaient commis ce péché et les livra aux mains de la justice. À compter de ce jour, la peste noire épargna les enfants du ghetto. À Cannaregio, tout près des Fondamenta de saint

Jérôme, dans la synagogue séfarade appelée « Scuola Ponentina » qui fut érigée par Baltassare Longhena, est conservée une inscription en hébreu témoignant de ce fait. « Allez vérifier qu'elle y est toujours. »

Près de la Salizzada del Pignater (la ruelle du potier), en passant par le Sotoportego dei Preti, vous trouverez un « cœur en brique » *(cuore in mattone)*. Touchez-le et faites un vœu : si votre souhait est honnête et ne peut nuire à personne, il se réalisera au bout d'un an. Les anciens habitants de la ville, me confia le vieillard, se transmettaient ce secret de génération en génération. Cela vient confirmer ce que je supposais depuis longtemps, à savoir que chez les Vénitiens la superstition est plus forte que la croyance. « Allez là-bas et vérifiez... »

Antonio Vivaldi est né dans le Castello, au sein d'un petit quartier appelé Brogara. Comme il était faible et chétif et que l'on craignait pour sa vie, il fut baptisé dans la maison de la sage-femme qui avait assisté sa mère. Toute sa vie durant, il demeura malingre. Il quitta les ordres parce qu'il était incapable de servir la messe jusqu'au bout. Dans les moments les plus difficiles, il composait la nuit une « musique sur l'eau », dont il n'arrivait pas à noter toute la partition. On disait que le vent la jouait intégralement sur l'écume des flots. C'est la plus belle composition du « frère rouge », comme l'appelaient ses contemporains. « Allez à Brogara et vérifiez, on l'entend parfois le soir, quand la mer se couvre d'écume, sous les rafales du vent de sirocco, près du fanal. » Qui se souvient encore, ajoutait Vida, de ce grand poète anglais (il s'agit très vraisemblablement de

Byron) qui nageait d'un seul bras sur le Grand Canal et tenait haut dans l'autre une lanterne ?

La seule représentation digne de foi du grand Phare d'Alexandrie se trouve dans une mosaïque de l'église Saint-Marc, sur sa voûte latérale, orientale, juste au-dessus de la chapelle Zen. Gentile Bellini s'est inspiré de cette image et l'a transposée dans une de ses grandes compositions, intitulée *Processione a San Marco.* Elle se trouvait naguère dans les Galeries de l'Académie, « allez vérifier qu'elle y est toujours ». D'ailleurs, les phares et les clochers se ressemblent. « Les uns répandent la lumière divine, les autres font entendre la voix du temple. » Les cloches de Venise portaient des noms divers : la Marangona était la plus grosse et la plus puissante, elle annonçait, entre autres, la réunion du Grand conseil *(Maggior consiglio)* ; venaient ensuite la Trottiera, de taille moins imposante, puis la Nona et, enfin, la Renghiera, la plus petite de toutes, qu'on nommait également *Maleficio*, car elle accompagnait d'ordinaire les exécutions à la peine capitale. Lorsqu'au début du siècle dernier le grand clocher de Saint-Marc s'est soudain écroulé, sans faire aucune victime, on retrouva la Marangona intacte, émergeant d'un énorme tas de gravats. Une dizaine d'années plus tard, lorsque le clocher fut reconstruit, les vieux Vénitiens remarquèrent aussitôt qu'elle avait un autre timbre, bien plus sourd et plus dense aussi. Le vieux Vida aimerait, lorsque viendra le jour fatal, qu'elle l'accompagne « à la dernière demeure ».

D'étranges tessons, nommés *cocci,* parsèment la Lagune. Il s'agit, en fait, du rebut des ateliers où l'on fabriquait la céramique à l'époque de la Sérénissime. Ces produits défectueux ont souvent été mêlés à la terre, au sable ou au ciment, incorporés dans les digues et les murs. Les chroniques parlent de carreaux ébréchés aux « motifs géométriques », « combinés de diverses manières » et « peints d'étranges teintes anciennes ».

Beaucoup se sont répandus au fond des canaux et certains ne referont jamais surface. Le temps ou la boue ne peuvent pourtant les détruire ni les dégrader. On s'en est servi pour remplir les lacunes, consolider les môles, combler les *fondamenta.* Ils ont aidé les matériaux à respirer, les ont empêchés de s'affaisser. La céramique moderne a délaissé les motifs conservés sur ces objets qui doivent leur origine à l'imperfection ou à l'incurie. On y distingue encore des profils d'hommes et de femmes dans leurs costumes de jadis, des chapeaux au large rebord, des garçons et des filles aux joues roses, angelots aux ailes tronquées, oiseaux, poissons, animaux domestiques et sauvages, lions sans crinière ou à la queue coupée.

Ces tessons étaient autrefois chargés sur des barques et transportés en vrac dans des lieux indiqués par les autorités. L'insouciance ou le hasard les ont éparpillés de toutes parts, parfois fort loin. D'aucuns ont été collectionnés, exposés dans des vitrines, conservés dans les musées. Certains figurent même dans des catalogues d'art, avec leur description. Qui peut dire combien il en reste encore ! J'en ai ramassé une pleine poignée près de Burano, tandis que j'écoutais les habitants de cette petite île prononcer les consonnes doubles conservées dans leur idiome, rejetées de la langue vénitienne, à l'instar de ces rebuts.

La découverte de tels objets, mis au rancart puis dispersés dans des lieux imprévisibles, n'est ni quotidienne ni banale. Soudain apparaît une forme insolite ou une couleur inhabituelle, entachée de boue, au beau milieu de notre entourage monotone : un *coccio* ! C'est une surprise pour celui qui le trouve, qui a cherché avec tant de curiosité, de passion ou de peine un simple détritus.

Il y a des lieux et des objets qui partagent le sort de ces rebuts. Une île a sombré avec deux embarcations attachées à ses môles au nord-ouest de Venise, près de Fusina, entre le canal Campanello et les Mottes de Volpego. Non loin de là se trouve l'embouchure d'un des bras de la Brenta, les eaux douces se mêlent aux eaux salées, créant des remous. Des documents d'archives ont contribué à percer en cet endroit un secret depuis longtemps occulté.

Je savais peu de choses sur les îles englouties au sein de la Lagune, oubliées : Centrianica, Costanziaca, Ammiana et quelques autres. Jamais je n'avais entendu parler de San Marco in Boccalama. Tel était justement le nom d'une « île qui n'est plus ». Il s'y dressait jadis un monastère, appartenant sans doute aux bénédictins. Les moines remarquèrent que l'espace sur lequel ils vivaient rétrécissait de jour en jour et devenait de moins en moins sûr. Ils adressèrent aux juges chargés de régler les questions d'eaux *(Giudici del piovego)* une « supplique » signée par le prieur, un certain Nicolò. Des documents attestent qu'il

Anonyme : vue de la ville avec gondoles ;
inscription : *Venetiarum civitas ;*
gravure sur bois, 1480.

y eut ensuite une expertise et que la requête fut considérée comme justifiée. On accorda au monastère de s'étendre en empiétant de « cinquante pas sur les eaux publiques » *(L passus de aquis publicis).* Les archives mentionnent également deux bateaux réformés, qui avaient été mis à la disposition des frères à la condition qu'en soient démontés les mâts, la voilure et les éléments métalliques. Tout cela ne fut pas d'un grand secours pour l'île en train de sombrer.

Le monastère fut bien vite abandonné, mais lors d'une épidémie de peste noire particulièrement meurtrière, l'espace alentour fut utilisé comme cimetière. Les cadavres des miséreux de la ville *(la piccola gente),* morts à l'hôpital ou ramassés dans les rues, y étaient transportés et jetés dans des fosses communes. Ensuite, on ignore quand exactement, tout a sombré dans la vase, l'île avec ses épaves, le monastère avec son cimetière, et le souvenir de l'une et de l'autre. Tout, hormis certains écrits devenus inaccessibles, conservés aux archives.

À cet endroit de la Lagune, le regard ne saurait pénétrer à plus de deux coudées sous les eaux troubles. Les pêcheurs y raclaient le fond au moyen de filets spéciaux et repartaient avec tout ce qui s'était laissé prendre en même temps que les clovisses. J'ai eu l'occasion de m'y rendre à la fin du siècle passé, au moment où avaient commencé les fouilles destinées à redécouvrir l'île de San Marco in Boccalama. L'espace qu'elle occupait jadis avait tout d'abord été délimité par de larges panneaux de métal enfoncés dans le limon et le sable et qui ne laissaient pas filtrer la moindre goutte. Puis toute l'eau à l'intérieur de ce périmètre avait été pompée et le sol asséché. On avait trouvé en premier des débris végétaux – roseaux, algues, herbes aquatiques, des fragments d'un *puparin* disloqué, apportés par le courant, les vestiges d'un muret de pierre auquel venaient naguère s'arrimer les barques, ainsi que les fondations de ce monastère, propice à la pénitence. Les fosses de l'ancien cimetière n'étaient manifestement pas assez profondes car les crânes des pestiférés affleuraient à la surface : les ossements échappent à la décomposition avec le même entêtement que la roche. Éparpillés alentour, on voyait entre autres des tessons de poterie et de céramique – les *cocci* avaient eux aussi été préservés.

Mais autre chose conférait une importance particulière à la découverte : deux épaves, l'une appartenant à un bateau de transport, d'une quinzaine de mètres de long, à la vaste carène et au faible tirant d'eau ; l'autre, bien conservée, était une galère du XIVᵉ siècle de plus de trente-cinq mètres de long sur cinq de large. Le limon et la boue, de toutes les teintes allant du brun foncé au jaune clair en passant par les gris, les avaient parfaitement protégés. La coque, les bordages et les couples, les quilles et les étraves étaient intacts. L'entreprise fut considérée comme un événement exceptionnel, elle fut même déclarée « historique ». Dans le journal des fouilles, qui fut tenu du début jusqu'à la fin et dont ce récit s'est par endroits inspiré, tous les détails de l'intervention furent consignés : parties des bateaux, outils et objets, circonstances, manœuvres et durée. Ce sera sans doute utile un jour à quiconque voudra écrire l'histoire de cette découverte ou d'une autre semblable.

Un navire qui sombre s'échoue le plus souvent sur un fond accidenté qui le couche sur l'un ou l'autre flanc, l'incline ou le chavire, quille en l'air, lui enfonce la proue ou lui soulève la poupe. Mais ici l'épave n'a pas connu elle-même de naufrage ; elle a été coulée pour empêcher le naufrage d'une île. Les moines avaient couché ces deux bateaux sur le sol envasé afin qu'ils les protègent des éléments. C'est pour cette raison que les poutres et les traverses, les planches et les chevilles ont pu demeurer intactes, ainsi qu'une énorme boule en pierre blanche d'Istrie qui servait vraisemblablement de lest. Aussitôt que l'île a de nouveau émergé, les mouettes se sont précipitées sur elle, pour la nettoyer des coquillages et des petits poissons restés collés à elle, de tout ce qui pouvait être picoré et emporté.

Il a été établi que le premier bateau appartenait à des modèles connus et disparus, employés autrefois dans le lit des rivières de la Lagune, sur les bras du Pô ou sur le lac de Côme. Ils servaient à charroyer du blé et autres denrées, de la paille, des roseaux, du sable, du gravier, de la pierre. On les appelait *rascona, nave di Pavia, burchio*, et c'est sous cette dernière appellation que Dante les cite dans un chant d'« Enfer », consacré au monstrueux Gérion : *I burchi che parte sono in aqua e parte in terra* – « Les barques, qui sont moitié dans l'eau, moitié à terre[1] » (XVII, 19-20). Jacopo

1. Traduction de Jacqueline Risset (Flammarion, 1992).

De' Barbari a représenté sur une de ses gravures quelques-unes de ces embarcations, chargées presque jusqu'à mi-voile *(Veduta di Venezia a volo di uccello).* Pisanello et Erhard Reuwich les ont également dessinées, ainsi que divers artistes anonymes.

La découverte de l'autre bateau est bien plus importante, car il s'agit de l'unique modèle de navire long *(nave lunga)* du Moyen Âge qui ait été conservé, grandeur nature. Sur les tableaux que nous ont légués Spinello Aretino et, avant lui, Pietro da Eboli sont représentés accessoirement certains types de ces galères qui furent appelées les « reines de l'Adriatique et de la Méditerranée » et auxquelles on donnait encore les noms de *dromoni, acazie, gatti, panfili, gumbarie,* etc. Dans une des galeries de l'Académie, un dessin de Raphaël nous montre l'une d'elles, rames levées et voiles tendues. Sur l'île San Marco in Boccalama, toute la charpente du navire est là, de la poupe à la proue, de la quille au pont. Le mât et le gouvernail avaient dû être démontés avant que tout ne coule, puisque telle était la condition qui avait été imposée. Nous ignorons si cette nef du *trecento* avait été construite à l'Arsenal ou dans un chantier naval privé, mais cela n'a ici guère d'importance.

Un jour, alors que tout – chaque bordage et chaque couple, la moindre planche – avait déjà été nettoyé et enduit de substances protectrices, on découvrit à l'intérieur de la coque, près de la poupe, une gravure sur bois surprenante : le constructeur inconnu, ou bien un marin, un soldat, un voyageur, un mousse peut-être, allez savoir, avait gravé au burin la silhouette de la trirème. Ainsi avait

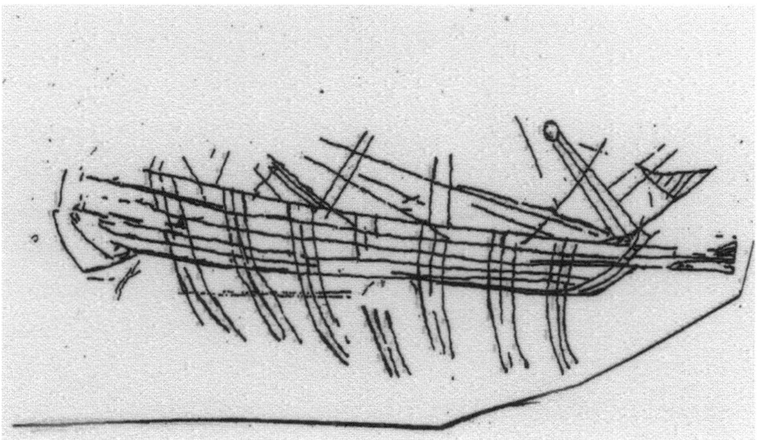

Un marin (?) inconnu, peut-être un mousse, a fait ce dessin de la galère trirème, trouvé à l'intérieur de l'épave découverte sur l'île de *San Marco in Boccalama* ; incision au burin, première moitié du XIVe siècle.

été conservé un double témoignage : le navire lui-même et un dessin qui le représente, immergés l'un et l'autre près d'une ville qui, elle aussi, continue de s'enfoncer. Deux énormes débris de la construction navale vénitienne, retrouvés sur une île qu'ont submergée les eaux douces et salées – signes de Venise et de sa gloire passée. Une certaine littérature qui, dans ce genre de circonstances, cherche une justification ou trouve un prétexte, accorderait à cet événement une signification sentimentale. La scène en elle-même fournit un matériau susceptible d'intéresser l'Histoire ou, tout au moins, de faire partie d'un conte.

Les historiens ont très peu parlé des auberges, bien qu'elles aient joué, elles aussi, leur rôle dans l'histoire, grande ou petite. Elles étaient nombreuses à Venise et il en reste encore. Elles portaient, et portent toujours, des appellations diverses : *osterie, trattorie, locande, taverne* ainsi que *bettole,* que l'on nomme *bacari* en dialecte vénitien. Il existait également des *magazeni*, où l'on servait plus à boire qu'à manger, ainsi que des *furatole*, où l'on mangeait plus qu'on ne buvait. On mentionne aussi les *bastioni* et les *caneve*, mais il est difficile de dire aujourd'hui en quoi ils se distinguaient des autres établissements similaires. Les *malvasie* tiraient leur appellation du célèbre vin, et les *samarchi* ou *samarchetti* de saint Marc qui leur conférait son odeur de sainteté, le plus souvent en vain. Certains de ces noms ont été oubliés, leurs propriétaires se sont succédés – les locaux ont changé de nom et de propriétaire.

Et pourtant leurs légendes ou leurs mythes subsistent. Les traces en sont conservées dans des manuscrits n'ayant pas trouvé d'éditeurs, dans les correspondances enfouies au sein des archives familiales, dans les albums (les « livres d'or ») où les invités inscrivaient leurs impressions, dans de vieilles publications épuisées ou des « sources » désormais taries. Nombre de ces auberges restent cependant dans la tradition orale. Les enseignes à leur nom ont attiré l'attention des plus grands artistes : on retrouve *Il cappello* sur un tableau de Gentile Bellini, le *Sturion* sur une toile de Carpaccio.

Les compagnons qui se réunissaient dans ces lieux formaient une *fraglia,* ou *fragia* en dialecte. Celle-ci possédait ses règles ou ses statuts appelés aussi *mariegole* – il s'agissait tout de même d'une confrérie plus sérieuse qu'on ne se l'imagine. Dans ses *Mémoires*, Goldoni la qualifie discrètement de *compagnia di maggior brio e libertà* (compagnie se distinguant par son grand brio et sa liberté).

Le mobilier de ces auberges était simple et utilitaire. Il se composait de tables larges et solides, le plus souvent en chêne, sur lesquelles on pouvait s'accouder pour somnoler, ou même carrément s'assoupir. De longs bancs, des chaises en bois ou en paille, de vieilles lanternes, des gobelets et des carafes complétaient le décor. Aux murs étaient accrochées des peintures à huile d'inspiration profane, au sujet tantôt épique et patriotique, tantôt lyrique (le roi Vittorio Emanuele et Garibaldi se rencontrent à Teano, Dante et Béatrice se retrouvent au Paradis, etc.). Un peu à l'écart, des barriques avec leur bonde en bois, parfois sculptée. Bien en vue, le portrait du propriétaire, de son père ou de son grand-père, généralement en uniforme, le sabre ou le pistolet au flanc, arborant de grosses moustaches qui soulignent l'autorité ou même la virilité. Le vin était transvasé dans de grandes dames-jeannes appelées *cecinate.* On appréciait celui des îles grecques – Samos, Chypre, Corfou et Crète – ou des contrées plus proches telles les Pouilles et la Piave, sans oublier le *plavac* (« le bleu ») de Dalmatie, le *teran* d'Istrie, le *pošip* de Korčula ainsi que le Valpolicella, le Bardolino et de nombreux autres vins italiens. *Vin vincentin, pan padovan* (vin de Vicenza, pain de Padoue), dit encore l'adage. D'après l'étymologie populaire, le mot *bàcaro,* désignant familièrement une guinguette, tire son origine d'un vin très fort des Pouilles, mais Boerio, dans le dictionnaire déjà cité, offre une autre explication, plus circonspecte.

Certaines *trattorie* étaient célèbres et leur souvenir demeure. À la *Da Nardo alla Fava,* on s'intéressait, boudant l'aristocratisme du célèbre *Florian,* aux heurs et malheurs théâtraux de Giacinto Gallina et de la *Compagnia della Palanca.* À la taverne *Il Calice,* se réunissaient les membres de la première rédaction du quotidien *Gazzettino,* qui s'opposait aux calomnies et au chantage des feuilletonistes d'*Il Barababau,* dont le seul nom faisait peur. *La Carbonera* n'avait rien à voir avec les *carbonari*, mais avec la *Riva del Carbon*, où les tartanes déchargeaient le charbon importé des contrées voisines et de l'arrière-pays adriatique, du Frioul à l'Albanie. À proximité des théâtres Goldoni et Rossini, elle proposait aux acteurs et aux chanteurs ainsi qu'à une clientèle que d'aucuns qualifiaient avec mépris de *gondolieresca* des repas bon marché et à prix fixe : *Collazione a prezzo fisso – Lire una*, a noté un mémorialiste qui fréquentait davantage les tavernes que les académies. La *Da Nano alla Corte dell'Orso* avait aussi une bonne table. Alentour, cela sentait les plats confectionnés selon les recettes locales, à la vénitienne, la *bacala mantecato,* la *castradina*, les *granciole,* les polentas de toutes sortes, toutes les espèces de poisson, les anguilles de la Lagune, etc. Les non-initiés confondent parfois ces effluves, qu'on respire à tout bout de champ, avec des odeurs venant des canaux ou des relents d'humidité.

La *Trattoria alla Fenice* avait ouvert à proximité du Campiello della Malvasia et du théâtre voisin auquel elle devait son nom. S'y réunissaient d'abord les patriotes exaltés, les nationalistes cocardiers ou les « irrédentistes ». Ceux qui n'avaient pas eu l'occasion de participer au Risorgimento se distinguèrent après coup, en donnant de la voix. « Citoyen de Venise par les armes » *(cittadino di Venezia in armi),* Gabriele D'Annunzio proposa de rebaptiser *trattoria* en *taverna*, s'inspirant des Romains, seuls ancêtres dignes de foi selon le poète combatif, et en respectant leur vocabulaire *(taberna).* Le local devint donc la *Taverna della Fenice.* Cela ne l'empêcha pas, malgré tout, de prendre par la suite un caractère cosmopolite et d'attirer de nombreux artistes. Le compositeur de *Cavelleria Rusticana* put y rencontrer l'auteur de *la Veuve joyeuse.* Lors du grand Festival international de musique de chambre se retrouvaient dans cet établissement déjà réputé Richard Strauss, Respighi, Stravinski, Diaghilev et bien d'autres. Un chroniqueur de la vie « aubergiste », dont les notes m'ont été d'une grande utilité, affirme que Proust y demanda à changer deux fois de table, à cause d'un courant d'air. Soixante années d'occupation autrichienne ont laissé leur trace sur la carte : on y proposait du *Goulasch*, du *Würstel,* des *Knödel*, du *Spritzer.* Aussi les tavernes sont-elles devenues des ponts jetés entre les cultures et les nations.

À Cannaregio, tout près de l'église de Saint-Jean-Chrysostome, où Sebastiano del Piombo avait peint ce grand « saint entre les saints » *(San Crisostomo e Santi),* se trouvait une *osteria* qui fut obligée plus d'une fois de changer d'enseigne. Il suffisait de dire « allons chez Chrysostome », on savait où aller. Chaque soir on pouvait y rencontrer un vieux violoniste d'origine autrichienne qui avait quitté la Philharmonie de Vienne pour s'installer à Venise, où il croyait que la mort devait être différente, plus supportable. Il y fut enterré avec sa conviction, et l'*osteria* bientôt changea de nom.

Les documents laissés par une famille juive de Venise mentionnent un restaurant nommé *Cascer* (le terme employé est bien restaurant, et non pas auberge ou taverne). Il s'y trouvait un menu en italien distinguant les mets recommandables *(kasher)* de ceux qu'il vaut mieux éviter *(taref).* Comme ce lieu était fréquenté par de nombreux goym, non juifs, les propriétaires décidèrent de rebaptiser leur établissement *Trattoria della Regina d'Ungheria*, poussés sans doute par la crainte. Ainsi disparut le *Cascer*, mais il laissa une empreinte discrète sur l'art culinaire vénitien.

On tombait naguère, presque à chaque pas, sur un *fritoin* populaire, petit local où tous les mets sont frits dans la poêle ou cuits sur le gril. On y mange et on y boit surtout debout. Celui qui jouxtait l'église San Pantalon, où je m'arrêtais souvent, vient de fermer. Autant que je me souvienne, il n'en reste désormais plus qu'un : *Al vecio fritoin,* Santa Croce, calle della Regina, tout près du Ponte de la Malvasia, non loin du Sotoportego de Siora Bettina. Mais personne n'y mange debout. Ce *fritoin* a éveillé en moi la nostalgie qui me pousse à écrire une partie de ces lignes sur les traditions tavernières.

Il convient de s'arrêter plus particulièrement sur l'auberge *Al Colombo* que fréquentaient les premiers socialistes et où l'on pouvait parfois entendre retentir des flonflons anars : *Addio, Lugano bella...* Des révolutionnaires comme Guido Podrecca ou Angelica Balabanov y passaient également. Kropotkine était venu à deux reprises de Genève et tout porte à croire que l'auteur du *Pain* y aurait retrouvé certains amis d'émigration. Mussolini, dans sa jeunesse, connaissait aussi cet endroit. À la veille de la Première Guerre mondiale, le Croate Frano Supilo en fut également l'hôte : aimant l'Italie, il aurait voulu qu'elle soutînt son projet d'union des Slaves du Sud. Quelques années plus tard, ce noble visionnaire allait perdre la raison. La Yougoslavie qu'il avait tant souhaitée connaîtrait elle aussi une fin semblable.

Giorgione, le « grand précurseur » du Titien, comme le nomment certains auteurs de guides, a eu l'honneur insigne que son nom soit donné à trois *trattorie* : l'une sur le Rio di San Silvestro, la deuxième au carrefour des Santissimi Apostoli et la troisième au Castello, dans la rue Gari-

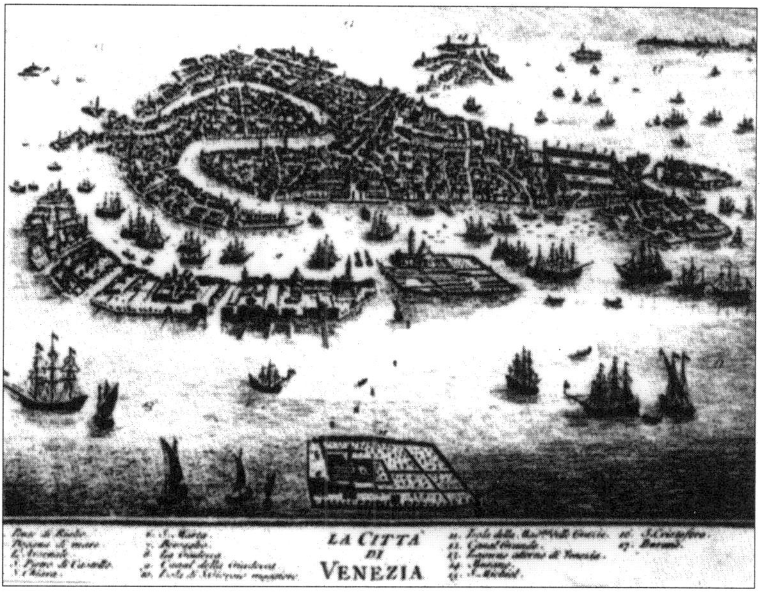

Anonyme : plan de la ville en perspective ; inscription :
LA CITTA'DI VENEZIA ; gravure sur cuivre, 1740.

baldi. La première fut créée parce qu'on supposait à tort que le peintre, qui logeait tout près, avait décoré de ses fresques le rez-de-chaussée du palais Valier. Cette auberge a depuis longtemps été remplacée par la *Botega Giorgione* ou *Zorzon,* selon la prononciation vénitienne. La gloire du peintre n'a pas suffi à la faire perdurer.

Les vieux noms familiers et les enseignes pittoresques disparaissent : Chez Madame Rose *(Osteria da Siora Rosa)*, Taverne des tourterelles *(Taverna delle Tortorelle)*, Chez Gigio près du Pont d'Anconeta *(Da Gigio al Ponte dell'Anconeta)*, Chez le Nain près de la Cour de l'Ours *(Da Nano alla Corte dell'Orso)*, Chez l'oncle *(Da zio).* Ils sont remplacés par d'étranges abréviations qui dénotent soit un manque de loisirs, soit un défaut de jouissance : *bar, brek, pub, snack, quick.*

Les auberges étaient les plus belles fleurs sauvages de Venise.

Anonyme : carte de la Lagune et d'une partie de l'Adriatique ;
inscriptions : *Laguna di Venezia, Mare adriaticum* ;
gravure sur cuivre, 1780.

Nombreux sont les métiers et artisanats exercés à Venise. Il serait difficile de les énumérer, et encore plus de décrire leurs boutiques. Cependant, celles des barbiers sont incontournables. Elles étaient les rivales des tavernes et les succédanés de la sacristie. On en trouvait à chaque coin de rue et il en reste bien moins qu'avant. Celles qui ont subsisté ne ressemblent guère à ce qu'elles étaient. Le métier de barbier n'était pas seulement une profession, mais aussi une vocation, voire un sacerdoce.

Les gestes des barbiers étaient plus élégants que les gestes des autres artisans. Leurs discours étaient plus soutenus que les discours des commerçants. Leurs mains étaient plus câlines que les mains des amants. Leur nom même se transformait souvent en nom de famille : il y a tant de *Barbieri* à Venise.

Dans leurs boutiques, on pouvait tout apprendre sur la ville et son passé. On avait parfois l'impression qu'on y décidait de l'histoire de la ville. Les barbiers vénitiens avaient, en outre, des talents de conteur. Ils savaient amuser ou consoler leurs clients, les troubler ou les inquiéter lorsque c'était nécessaire. On leur a fait une place sur le devant de la scène, tant au théâtre qu'à l'opéra. Il est étonnant qu'ils ne soient pas plus nombreux dans la littérature – bien qu'étant des personnages éminemment littéraires. Goldoni lui-même leur a accordé son attention. Lorsque les notables ont ôté la perruque de leur crâne et qu'est tombée la République qui la protégeait, ils ont continué à garder leur titre de *parruchieri,* ainsi que leur place sur les planches. À Venise, plus que dans n'importe quelle autre ville, on leur donnait le nom de *figari.*

Les outils et les instruments dont ils se servaient – et se servent encore – sont simples et pratiques : le rasoir et les ciseaux, le peigne et la brosse, la serviette et le peignoir, le bol à barbe et la mousse du savon. Les parfums et lotions qu'ils utilisaient ainsi que leurs phrases tout aussi fluides, tant en italien littéraire qu'en dialecte vénitien, complétaient cet inventaire. Les plus savants d'entre eux parlaient aussi le frioulan *(furlan)* et même quelques mots d'allemand ou de slave. Nulle part ailleurs, ils n'étaient plus nombreux, plus habiles ni plus loquaces, pas même à Séville. Rossini n'avait connu que ceux qui officiaient près du théâtre Fenice, et ce sont eux qu'il a pris pour modèles. Sur chaque navire, en mer, l'un des marins était chargé de raser une partie de l'équipage, tout particulièrement certains officiers et le capitaine. Aux alentours de l'Arsenal, on en comptait tous les jours une dizaine venus proposer leurs services. La Sérénissime tenait à ce que ses sujets abordent les rivages étrangers avec un visage serein. Certains barbiers sont devenus illustres, mais aucun n'a été promu doge. Ils n'ont pas réussi dans la politique, bien qu'ils en connussent tous les ressorts. De nombreux politiciens n'étaient en fait que des barbiers qui s'ignorent.

Ils ont disparu, les bons vieux guides qui sauraient nous indiquer où sont et où se trouvaient, en quel lieu et à quel moment, ces salons de barbier, au centre ou à la périphérie, de la Rive des Sept Martyrs jusqu'aux Jardins Papadopoli.

Anonyme : plan topographique de la ville ; inscription :
Venetia, een Aartsbisschoplyke groote (...) beroemd de Koophandel ;
gravure sur cuivre, début du XVIIe siècle.

J'ai accompagné des chasseurs afin d'explorer certaines zones de la Lagune moins connues et plus difficilement accessibles. Partis une première fois de Lio Grando, près de Treporti, nous avons suivi l'itinéraire indiqué sur une carte spéciale, le long des canaux San Felice et Silone, en direction de la Conque de Portegrandi. Cette dernière est reliée à un bras de la rivière Sile. On passe là du paysage maritime et littoral, entrecoupé de dunes (Punta Sabbioni, Sant'Erasmo), aux zones palustres et saumâtres. Une nouvelle fois, nous nous sommes embarqués près des Zattere, nous dirigeant vers les petites îles de Sacca Sessola, quasiment désertiques, et de Saint-Clément, sur laquelle ne réside plus qu'un gardien. Nous avons fait halte près du môle de San Giorgio in Alga, puis mis le cap à l'ouest, vers Forte di Sotto et Valleselle Sopra Vento. Le pêcheur Zane nous conduisait, sur une de ces barques légères à fond plat appelées ici *sandali* ou *sampierote*, pratiques pour naviguer sur les bas-fonds. Il habite non loin de là, dans l'un de ces endroits dont seuls les habitants connaissent le nom, un petit *cason,* à moitié de bois, à moitié de briques, un chenil et deux arbres rabougris devant l'entrée.

Alentour, les seules décorations que j'ai pu remarquer étaient les tolets des rames, fixés à la barque. Zane avait lui-même fabriqué ces objets qu'ici on nomme *forcole* et, plus au nord, *dames-de-nage*. Ils ressemblent à de petites sculptures taillées dans le bois de noyer et comportent un « mors simple », pour les embarcations les plus légères, ou le « mors double » pour les bateaux de transport. Personne ne recherche plus, se plaint le vieux pêcheur, « ces petits tolets en bois » que l'on fabriquait pour les rames des régates. Ils étaient d'abord taillés à la main, puis travaillés et enfin polis par l'usage et le frottement, qui leur donnaient une forme définitive. Aujourd'hui, ils sont, selon Zane, « sans intérêt », semblables les uns aux autres. « En plastique. » Ces *dames-de-nage* s'usent avant d'avoir eu le temps de vieillir.

Anonyme : Plan et vue de Venise ;
inscription : *A perspective View of the City of Venice* ;
eau forte, 1794.

Tandis que les autres tiraient bécasses, cailles et canards, nous sommes restés sur les canaux à contempler le coucher du soleil. Il est ici le plus beau à la fin de l'été, quand fleurissent des plantes singulières, acclimatées à l'eau salée, recouvrant tout de leurs pétales roses, bleus et mauves que dore le couchant. Dans la brume estivale, « on dirait que ces couleurs frémissent, ondulent, se mêlent l'une à l'autre » (ces mots et certains de ceux qui suivent sont également de Zane). Le vent qui souffle le plus souvent dans cette contrée est le *sirocco* qui, lorsqu'il s'associe à la marée, apporte beaucoup d'eau salée du large ; la *bora* est moins redoutable que dans la région de Trieste ; le *libeccio,* vent du sud-ouest, se distingue à peine du *garbino.* L'hiver, sévit de la Lagune vénitienne à la Lombardie un vent particulier qu'on appelle *sinibbio* : accompagné de neige fondue, « il vous râpe le visage et vous rase la barbe ». Le *sirocco* et la *bora* sont l'un et l'autre capables de briser une barque, de la fracasser contre les rochers durs et coupants du fond, de l'échouer sur le sable pétrifié qui, avec les coquillages, forme des *marogne* et, avec les coraux, des *solere*.

Lorsqu'on commence ici à parler des vents, cela n'a pas de fin. On n'évoque pas seulement ceux qui soufflent dans la région, mais aussi ceux d'ailleurs. Les habitants les reconnaissent ou les devinent, les annoncent et les interprètent. Ils connaissent – ou croient connaître – non seulement leur nature et leurs caprices, leur direction ou leur force, mais aussi leur poids ou même leur vide, leur mugissement ou leur caresse, leurs couleurs, odeurs, formes. Quel est, en effet, le poids du vent, de quoi est-il chargé, qu'est-ce qui fait sa force, en quoi consiste son vide, a-t-il réellement une odeur et quelle est sa vraie couleur ou sa forme, pourquoi mugit-il ou gémit-il, à quoi ressemble sa caresse ? Ces interrogations restent d'ordinaire sans réponse. Elles s'insèrent dans les croyances, s'inscrivent parfois dans les contes ou même les légendes.

Le vent a-t-il vraiment une ombre ? D'aucuns se posent pareilles questions, d'autres les jugent déplacées. Les branches tordues des oliviers et des pins, là où ils sont le plus exposés, les herbes et les roseaux couchés, les broussailles et les halliers courbés et rabaissés nous dévoilent les véritables formes du vent : il y a laissé ses empreintes, jouant, dansant, délirant.

Le vent dérobe leurs couleurs habituelles aux choses qu'il croise sur son chemin, ou bien il leur confère les siennes, plus pâles, celles qui ne sauraient se voir à l'œil nu. Il amasse et disperse les graines et les semences, les fleurs du genêt, de la mauve ou du thym, il s'imprègne des parfums de la sauge, de la lavande, du romarin, s'empare de tout ce qu'il trouve dans les champs des alentours, le long de la Lagune, à la surface des marais et de la mer. Le sable se retire sous ses rafales, la terre se creuse, les murs s'érodent. Même l'histoire de Venise n'a pas pu résister aux tramontanes.

Anonyme : plan de la ville ;
inscription : *Pianta iconografica di Venezia* ;
gravure sur cuivre, 1696.

Reprenant ses rames aux tolets travaillés, Zane m'a enfin emmené, par des raccourcis, voir les endroits où viennent mourir les mouettes. Épuisées, abattues, maculées de boue et d'immondices, elles battent de leurs ailes désormais impuissantes à les propulser dans les airs. Elles se bousculent, tombent, essaient à nouveau de prendre leur envol, retombent. Leur plumage est rongé, leurs minces pattes desséchées, leur cou dénudé. Elles poussent des cris rauques, des piaillements stridents. Il y a deux *barene* dans cette partie de la Lagune où elles se posent pour ne plus jamais repartir. Leur choix se porte tantôt sur l'une, tantôt sur l'autre. Elles font parfois un dernier effort pour aller de l'une à l'autre. Allez savoir pourquoi. Presque personne ne passe jamais par ici, hormis des excentriques comme mon guide Zane et ses éventuels compagnons.

Les oiseaux sont nombreux dans ces parages, migrateurs ou sédentaires. Leur nom, m'explique-t-on, renvoie à leur forme ainsi qu'à leur plumage ou à leur cri : *pittima, pettegola, piro-piro, pantana, totano, tarabusso, tuffetto, svasso, chiurlo, cavaliere d'Italia* et d'autres que je n'ai pas gardés en mémoire. J'ignore si quelqu'un saurait les traduire.

Nous sommes revenus vers les chasseurs. Ils étaient chargés de leur gibier aux pattes ligotées, certains de ces mêmes oiseaux que j'avais tout à l'heure observés et dont j'avais noté quelques noms. Ils étaient fiers de leur prise. Je n'écoutais pas leurs histoires. J'étais encore avec les mouettes, dans leur cimetière.

Maître anonyme : vue de Venise publiée à Amsterdam ;
gravure sur cuivre, fin du XVIIe siècle.

Plusieurs routes, terrestres et maritimes, mènent de Venise à Chioggia. J'ai choisi celle qui passe par le Lido et la Pellestrina. Ces deux îles, allongées et rétrécies, ressemblent à des vestiges de terre ferme qui se seraient détachés de la côte sans qu'on sache comment ni pourquoi. Un bras de mer les sépare. Du côté intérieur, vers la Lagune, l'eau n'est pas de la même couleur que du côté extérieur. Nous avons d'une part de l'eau marine, de l'autre, un mélange d'eau marine et d'eau douce. Plus on s'éloigne vers le large, plus elle redevient bleue et limpide : c'est à nouveau la mer. La Brenta s'y jette un peu au sud de Chioggia, mais dès avant le delta, ses bras mêlent leurs eaux à celles de la Lagune, troubles et saumâtres. Cette partie de la côte est exposée plus que toute autre aux vents, qui soufflent du sud comme du nord, d'en bas comme d'en haut. Le sol est recouvert de couches de sable. Près d'Alberoni, sur le Lido même, j'ai été surpris de voir des alignements de dunes. Personne ne s'attendrait à les découvrir à cet endroit, et surtout si nombreuses. Tout ce sable a-t-il été apporté par les *simouns* soufflant du désert africain ou bien déposé de concert par les courants fluviaux et marins ? Les plantes coutumières des sols sablonneux les aident à se fixer et à conserver leurs contours : l'arénaire, l'armoise, diverses espèces de séneçon et d'érynge maritimes et je ne sais encore laquelle, vigoureuse et sans parfum, qui fleurit à la fin du printemps et tient longtemps. Non loin de ce petit désert insulaire se trouve le vieux cimetière juif, depuis longtemps abandonné, envahi par les mauvaises herbes. Les poètes romantiques se sont émerveillés de « la mélancolie de sa beauté ». Le lieu est toujours mélancolique, mais envahi de ronces, il n'a plus rien de beau.

Pellestrina est plus désertique que la partie méridionale du Lido, bien qu'il y ait moins de dunes. On peut traverser à la nage le bras de mer qui sépare sa pointe sud du port de Chiogga. En bateau, on se demande quel canal emprunter pour pénétrer dans ce dernier : on a l'embarras du choix entre le San Domenico, le Vena, le Lombardo. Chioggia, tout comme Sottomarina à son flanc, laisse une impression d'accablement et de fierté à la fois : ne pouvant en rien rivaliser avec Venise, elle n'a pas voulu se soumettre à elle pour autant. Elle a acquis une modeste réputation de port de pêche, en rivalisant avec elle-même et avec ses voisins. Ses saints patrons sont Félix et Fortunat, dont elle partage les reliques avec Vicenza. La seule chose qu'elle ne partage avec personne est la grande Fête du poisson *(Sagra del pesce)*, qui a lieu tous les ans à la fin juillet ou début août, avant que, plus loin dans l'intérieur des terres, ne commence la moisson.

J'ai recherché à Chioggia le site de l'ancien port de *Brundulum,* Brondolo, que l'âge et les alluvions de la Brenta ont fini par combler. Près d'un des canaux, je ne sais plus si c'était le San Domenico ou le Vena, non loin du palais Polo où Goldoni a séjourné lorsqu'il écrivait ses *Baruffe chiozzotte* (« Barouf à Chioggia »), je trouve dans une petite boutique d'antiquités un glossaire intitulé *Calafati, squeri e barche di Chioggia* (« Calfats, chantiers navals et bateaux de Chioggia »). Cet ouvrage, dont l'auteur, un certain Memmo, n'est guère connu en dehors de son port, avait été publié avec le concours de la Municipalité. On y apprend combien cette petite localité a contribué à la grandeur de Venise. Non seulement il y existait jadis des chantiers navals, mais encore elle possédait des lois réglementant la navigation et la construction des bateaux, appelées *mariegole* (la première mention qui en est faite date de 1211). Memmo décrit, entre autres, une ancre de la Renaissance et un timon de Navarre. Il cite une multitude d'outils et d'accessoires : la *curiaga,* la *canagola,* la *chissa,* la *verna,* la *becanella a due* et la *becanella à tre,* l'*alzana,* le *berlasso ou imberlasso.* J'ai demandé autour de moi ce que signifiaient ces mots, à quoi servaient ces ustensiles. Personne n'a su me répondre. La plupart ne figure même pas dans le sympathique dictionnaire vénitien de Giuseppe Boerio. J'ai appris également que les gens de Chioggia se servaient, jusqu'à une époque récente, de la numération étrusque et j'ai eu l'occasion de trouver une feuille, écrite à la main, qui le prouve.

Avant de quitter Chioggia et Sottomarina, qui gagnent l'une et l'autre à être mieux connues, j'ai pu me procurer une chronique qui traite des vieux puits, aussi bien à Venise que sur les îlots d'alentour. Il existait autrefois des artisans spécialisés dans leur construction et leur entretien qu'on appelait *pozzeri.* Ils faisaient partie de l'Association des maçons *(Scuola dei Mureri)* et cherchaient opiniâtrement à garder leur autonomie. Ils surveillaient la citerne et ses filtres, le revêtement intérieur en argile et le fondement en pierres, et vérifiaient la profondeur - qui ne devait pas dépasser cinq mètres. Les puits publics étaient ouverts à la population deux fois par jour et leur mise en service était annoncée dans les *sestieri* par la cloche d'un préposé *(capo contrada)*, qui détenait les clés du couvercle et vérifiait la quantité et la qualité de l'eau. Les légendes et les événements survenus autour d'eux se sont entrelacés. Les puits offraient un décor des plus attrayants pour le théâtre de la vie quotidienne. Maintenant qu'ils sont à moitié comblés de terre, ils ne résonnent plus lorsque nous y jetons un petit caillou, leur écho ne nous renvoie plus notre voix. Ici comme ailleurs, les « puits de la vérité » étaient rares. Ils deviennent, comme tant d'autres choses à Venise, les témoins sourds et muets du passé.

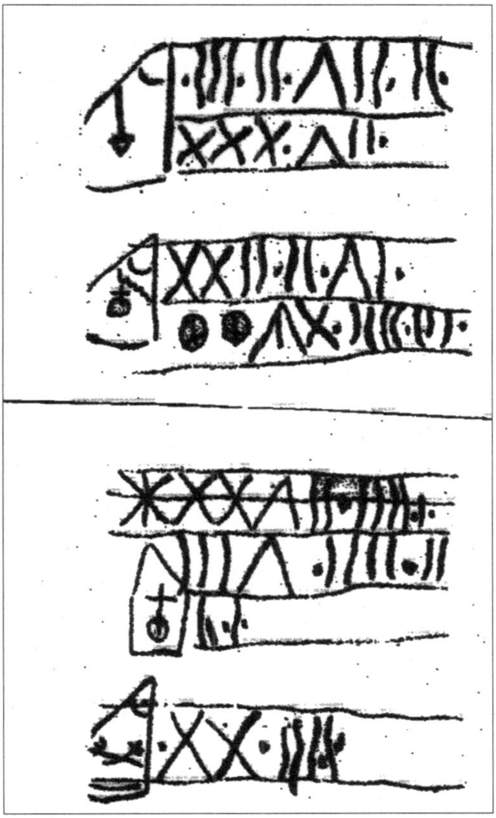

Ancienne numération d'origine étrusque,
utilisée par les pêcheurs de Chioggia
au cours des siècles passés.

Sur le chemin du retour, nous fûmes témoins d'une scène inhabituelle. Un orage a éclaté, le vent s'est levé et la pluie s'est mise à tomber. Une véritable tornade. Perturbées par Dieu sait quoi en l'air, les pieuvres se sont déplacées vers les lieux peu fréquentés et dont bien peu connaissent les noms : Cavollino et Dolo, Pianiga, Cazzago, Stra'. Les canalisations n'ont pas résisté, ces précipitations massives les ont fait éclater, les ruelles ont été envahies par des eaux boueuses, brunes par endroits, voire noirâtres. Il en est demeuré des traces pendant plusieurs jours, sous la forme de flaques grandes comme des mares. J'ai humé l'odeur des entrailles de la ville.

C'est cela aussi Venise, son envers.

Dans les moments où l'on a l'impression que tout pourrait sombrer et qu'il faudrait essayer de sauver au moins quelques images, le souvenir de certains événements lointains revient soudain. Nous parlerons de l'un d'entre eux trouvant sa place dans notre récit.

Le siècle touchait à sa fin, dix-huitième de notre ère. La République vénitienne comptait ses derniers jours : prise d'abord par Bonaparte, conquise ensuite par l'Autriche, réoccupée par Napoléon, puis à nouveau rattachée à la couronne habsbourgeoise. Qui aurait pu supposer que les derniers défenseurs de la Sérénissime seraient précisément ces Schiavoni (Esclavons, autrement dit les Slaves), dont les ancêtres avaient été enchaînés aux rames des galères ? Des régiments et des équipages qu'ils avaient jadis constitués s'insurgèrent le long des rives et des rios, sur les *fondamenta* et les môles alors que le crépuscule, de plus en plus dense, descendait sur la Lagune. Rares sont ceux qui s'en souviennent. De leur dévouement et de leur fidélité témoigne le tableau qui fut transféré de l'église des *santissimi*

George et Trifon au musée de la Marine en même temps que plusieurs autres oeuvres de l'École dalmate. Selon les chroniques de l'époque, « les navires étaient mouillés par les larmes que versaient les Schiavoni, comme si la mer elle-même les avait répandues ». Le glas sonna non seulement à Venise, mais aussi à Zadar (Zara) et dans plusieurs autres villes dalmates lorsque les navires autrichiens apparurent devant les ports. Pour la dernière fois, les gonfanons à sept queues portant le Lion de saint Marc flottèrent sur le littoral adriatique de l'est et résonnèrent les accents de deuil et de protestation : « Tout au long des 377 années » – peut-on lire dans une déclaration publique – « notre sang et notre vie furent constamment à toi, ô saint Marc ; nous étions plus qu'heureux d'avoir atteint la renommée, toi avec nous et nous avec toi... Notre cœur sera ton tombeau vénéré, et nos larmes pour toi la plus haute des louanges. » L'écrivain italien Ippolito Nievo a lui aussi rendu hommage à « ces fidèles Esclavons qui, dans le silence et l'abattement, mirent le drapeau en berne ». Là le seigneur des Bouches de Cattaro, comte de la fière ville monténégrine de Perasto, Alvise Viskovitch, Slave de son prénom et Italien de son nom, se distingua tout particulièrement. De tels faits sont généralement passés sous silence dans les livres d'histoire des Slaves du sud. Les Vénitiens eux-mêmes ne leur accordent aucune attention dans les leurs. De tels événements ne sauraient s'inscrire, hélas, dans une histoire par trop nationale. Au cours des tumultueuses péripéties de 1848, maints fils des Schiavoni se proclamèrent à nouveau prêts à défendre une république différente de celle d'autrefois, sous l'autorité de Manin avec, à ses côtés, Tommaseo, originaire de Sibenik *(Šebenico).* Ce fut la dernière fois, et il furent déjà moins nombreux qu'avant. Les Schiavoni chercheraient dorénavant à se faire une place parmi les Slaves du sud et à s'inscrire dans le mouvement du Renouveau croate *(Preporod).* Venise trouverait la sienne dans le Risorgimento italien. Une histoire s'était conclue et une nouvelle commençait, dans laquelle les rôles des protagonistes devaient changer. C'est pourquoi je tenais à rappeler aussi, à côté du crépuscule de Venise, celui des Esclavons, toujours prêts à se battre pour une cause perdue.

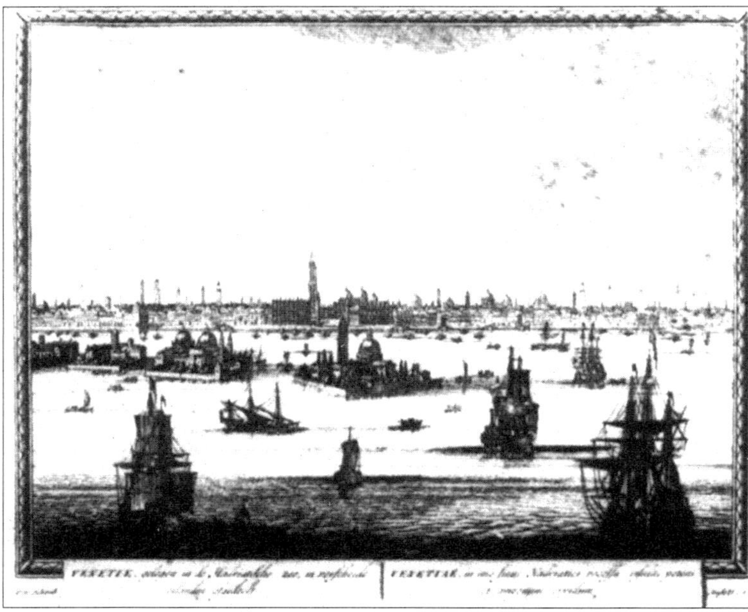

Anonyme : embarcations devant la ville ;
inscription (par endroits illisible) : *Venetie gelegen in de. Hadriatische Zee* ;
gravure sur cuivre, 1702.

Elle a été vue et observée tant de fois, appréhendée de toutes les façons, saisie sous toutes ses facettes, à toutes les heures du jour et à toutes les saisons. Ses paysages et ses *vedute*, ses édifices et ses monuments, ses habitants et ses visiteurs ont été photographiés plus que nulle part ailleurs. Les vieilles photos de Venise, prises par des dilettantes ou des professionnels depuis longtemps oubliés, conviennent mieux que les plus récentes pour illustrer notre propos. Plus rares, couvertes de leur patine, on peut les reproduire, mais pas les reprendre. Cela n'enlève rien aux mérites des photographes de notre époque, dont la vocation a souvent été stimulée par celle des amateurs d'antan. Mais la photo moderne n'entre pas dans le cadre de ce récit sur Venise.

À la fin du dix-neuvième siècle et au début du vingtième, rares étaient les personnes qui possédaient un appareil photographique, et plus rares encore celles qui savaient bien s'en servir. Ces débutants ne connaissaient rien des procédés qu'on présente de nos jours comme une théorie, d'un savoir-faire qui se prend pour un art. Ils se souciaient peu de la différence entre la représentation de la réalité et la réalité elle-même. C'était Venise bien plus que l'image de Venise qui comptait pour eux. Ils voyaient dans la photographie, plus que toute autre chose, une distraction. Leur approche ne se fondait que sur la sympathie. Ils s'intéressaient d'abord et avant tout au sujet qu'ils prenaient, le traitaient selon leur bon plaisir, le choisissaient lorsque l'occasion se présentait.

Il est aisé de classer les clichés qu'ils nous laissent. La plupart sont liés à un lieu ou à une circonstance : devant un bateau à l'ancre (il est encore à vapeur) se tiennent des marins vêtus du maillot à rayures, coiffés du bonnet rond ; sur le Lido, un galant soulève discrètement une baigneuse en maillot une pièce descendant jusqu'aux genoux ; sur l'île de Burano, des femmes jeunes et vieilles, à la tête recouverte d'un foulard, se penchent sur leur dentelle ou leur broderie ; sur celle de Murano, de solides gaillards soufflent et font enfler le verre. Sur les marchés, les *bancarelle* proposent une profusion de marchandises les plus diverses : Campo di Pescaria, Sotoportego dell'Erberia, près du Ponte di Rialto et dans les parages ; les silhouettes des clients nous cachent les murs des maisons, mais nous devinons qu'ils sont lépreux ; les façades délabrées trahissent peut-être une certaine familiarité du photographe avec la ville. Alentour, d'inévitables gondoles, avec ou sans ces cabines qu'on appelle *felze* ; des gondoliers prennent des poses quelque peu guindées, avec ou sans guitare ; les voici, rame en l'air, regroupés sur les marches d'une église (je n'arrive pas à reconnaître laquelle), à l'occasion de la

Fête de la Santé (*Festa della Salute,* le 21 novembre) ; et voilà aussi une procession, un cortège funéraire, une noce ; puis encore la marina, une course de bateaux, une scène de flirt ; reviennent des vues de la plage, une baigneuse légèrement dénudée, puis le port et ses environs. Il s'agit la plupart du temps d'événements privés qui ne s'occupent pas de l'Histoire, qui en tiennent lieu.

La série est plus longue qu'elle ne le semble : des messieurs sont attablés au café Florian ; en face, au Caffè Quadri, les chalands sirotent leurs consommations ; voici les terrasses des hôtels, avec leur clientèle huppée, le Danieli, le Gritti, le Grand Hôtel des Bains, le Harry's bar. Devant l'objectif, les visages sont graves, les poses affectées, les gestes arrêtés. Seuls ont l'air naturel ceux qui se sont trouvés là un peu par hasard. Sur un *vaporetto*, deux gouvernantes anglaises au nez chaussé de lunettes sourient (elles ne sont peut-être ni gouvernantes ni anglaises, mais elles en ont l'air). Et voilà à nouveau une régate, le carnaval et – vous le devinez ! – le glorieux Bucentaure.

L'amateur de Venise reconnaîtra le lieu et l'époque où chaque cliché a été pris. Au verso de l'un d'eux, on a griffonné une remarque revenant fréquemment : « Photo prise à contre-jour, près des *fondamenta* – en partie surexposée. » Hormis les gondoliers et les garçons de café, on ne voit guère de Vénitiens, comme s'ils n'avaient pas le temps de se faire tirer le portrait. De toutes façons, les étrangers le font pour eux. Les photos de famille montrent combien celle-ci était jadis soudée. Elle faisait bloc bien plus qu'aujourd'hui – mais cela relève déjà de la sociologie.

Il est manifeste que l'appareil n'a pas pu, pendant longtemps, pénétrer à l'intérieur des églises. Presque personne n'a photographié les prisons, les hôpitaux, ces tavernes que l'on nomme ici *bàcari*, les vieilles *boteghe* ni, surtout, les latrines. Ou bien il ne m'a pas été donné de tomber sur ces clichés. La pornographie a toujours abondé, mais l'appareil photo a su longtemps s'en maintenir à distance. Il ne tardera pas à s'affranchir de sa pudeur, bien plus qu'il eût été souhaitable.

Les maîtres de la profession ornaient leurs photos de guirlandes, fleurs, petits cœurs. Ils ajoutaient parfois leur adresse et divers renseignements dans un cadre imitant les cartouches des anciennes cartes géographiques. Le verso offrait un espace vierge où noter à quelle occasion et quand le cliché avait été pris, qui y figurait et en quel endroit, où inscrire une dédicace, un mot affectueux, une déclaration d'amour, enfin une « didascalie », comme diraient les gens sérieux. C'est pour ne perdre aucun de ces précieux détails qu'on ne les collait que rarement dans des albums. Par contre, on les conservait souvent dans les coffres ou les malles, soigneusement rangées au fond, attachées par un ruban de soie lilas, bleu ou vert. Les photos fonçaient et devenaient floues, brunes, rougeâtres. Elles se teintaient d'ambre, de corail ou de sépia, prenant parfois la couleur des fleurs qu'on faisait sécher entre les pages du même album.

Ces belles habitudes disparaissent les unes après les autres, au fur et à mesure que les appareils photos deviennent populaires et leur prix démocratique. Mais celui qui a contemplé Venise sur ces vieux clichés ne saurait jamais oublier comment elle a naguère ressemblé à ce qu'elle continue d'être. Parcourant les *calli* ou voguant à nouveau sur les canaux, on cherche du regard les endroits vus sur les photos d'antan, les lieux que l'on reconnaît avec une certaine tristesse.

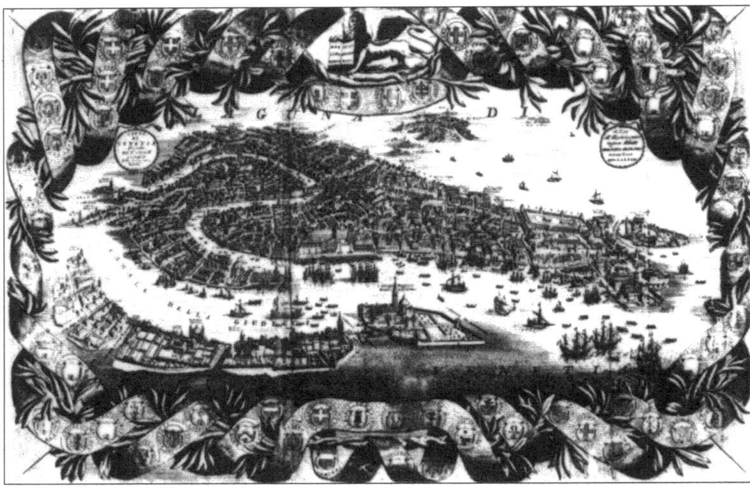

Anonyme : plan de la ville avec un lion de saint Marc ;
inscription : *Città di Venetia* ;
gravure sur cuivre, 1693.

Je me suis souvent demandé si Venise avait suffisamment la nostalgie d'elle-même. Est-elle capable de regretter ce qu'elle fut jadis et n'est plus désormais, ce qu'elle aurait pu devenir et ne sera vraisemblablement jamais ? Elle m'a insufflé, entre autres, un penchant pour les vieilles cartes, *portulans, isolari, vedute*, « perspectives et plans de la ville », ces dessins que firent autrefois les maîtres illustres et les anonymes.

Je suis souvent arrivé à Venise pour en repartir tout de suite vers les endroits vus et connus sur ses cartes. Avec Giuseppe Rosaccio, j'ai navigué « de Venise à Constantinople » *(Viaggio da Venezia a Constantinopoli)*, faisant plusieurs fois l'aller et retour. Tommaso Porcacchi m'a fait visiter « les îles les plus célèbres du monde » *(L'isole più famose del mondo)* et j'ai fréquenté avec Cristoforo Buondelmonti les escales indiquées dans son livre d'images des archipels *(Liber insularum Archipelagi – cum pictura)*. Gian Francesco Camocio m'a permis de découvrir les beautés « des îles fameuses, des ports, des forts et du littoral » *(Isole famose, porti, fortezze e terre maritime)*, une histoire de l'Adriatique que je n'aurais pu apprendre nulle part ailleurs. Avec Giuseppe Rosaccio encore, j'ai fait route vers le tombeau du Christ et le Calvaire *(Viaggio da Venezia a Gerusalemme)*. Marco Boschino m'a conduit jusque dans le mystérieux « royaume de Candia », me mettant en garde contre les endroits dangereux, « écueils, récifs, bas-fonds » *(Il regno tutto di Candia – scogli, secche e bassi fondali)*. Bartolomeo de li Sonetti nous a offert, avec ses quarante-neuf *vedute* des îles, soixante-douze sonnets qui les accompagnent et les complètent. Je dois à Michelangelo Biondi mes premières bribes de savoir concernant les vents (*De ventis)* – certains d'entre eux semblent aujourd'hui diminuer ou changer de sens. Le plus grand de tous, le père Vincenzo Coronelli, premier géographe et fondateur de la société géographique « Les Argonautes », m'est plus proche en tant qu'auteur des petits *Isolari* que des grands globes qu'il vendait au roi Soleil.

Je ne saurais mentionner les noms de tous ceux avec qui j'ai ainsi vogué. Je n'exprimerai jamais assez ma gratitude envers ces pilotes qui furent mes Virgile et Béatrice à la fois. Ils ont observé les côtes et les villes depuis la poupe ou la hune de leur navire. Ils ont grimpé en haut des clochers, escaladé les promontoires les plus escarpés pour voir mieux et plus loin. Ils m'ont appris à regarder. J'ai erré, pendant des journées entières, sur la grande carte du frère Mauro, le camaldule qui, de son étroit monde monastique, s'efforçait de représenter le monde tout entier.

Sans eux, je n'aurais pu aborder ces rivages où je n'ai jamais posé le pied. Eux non plus ne sont pas toujours allés dans tous les endroits qu'ils ont dépeints ou décrits – ils ont eu, eux aussi, des assistants ou des collaborateurs qui voguaient et voyageaient à leur place et en leur nom et leur rapportaient des dessins ou des récits. Lorsque je fais le compte de tous mes périples, je m'aperçois que j'ai parcouru beaucoup plus de chemin, sur terre ou sur mer, grâce à leur art et à leur imagination, que je ne l'ai fait moi-même, pour de bon.

Anonyme : vue de la ville (gauche et droite) ;
inscription : *Venetia* ; gravure sur cuivre,
deuxième moitié du XVIIe siècle.

E T I A

À l'instar des Hollandais, les Vénitiens ont dû gagner petit à petit du terrain sur la mer pour demeurer au sec. Ce sont peut-être justement ces efforts continuels qui les ont rendus mieux à même de comprendre les rapports entre mer et terre. Les cartes partaient de l'image que l'on se faisait de Venise, qu'elles avaient elles-mêmes contribué à créer. Elles sont en relation directe avec la conquête tant de la ville que de ses possessions, proches ou lointaines. Sans elles, les Vénitiens n'auraient pu dominer les mers ni maintenir leur influence sur la terre ferme. Aussi les géographes, les dessinateurs, les typographes, les graveurs, les éditeurs, les imprimeurs et leurs protes, les commerçants et leurs commis travaillaient-ils ensemble dans les *boteghe*. Certains étaient des maîtres illustres, le nom des autres est à jamais tombé dans l'oubli. Ils affluaient de toutes parts, parfois de loin. Henricus Martellus Germanicus et Matthäus Merian, bien que venus d'ailleurs, dessinèrent cette mer et ses golfes et décrivirent ces côtes et leurs villes avec une rare précision. Merian a vu Venise comme posée sur une paume – on pourrait croire qu'il l'a surplombée alors qu'il n'y avait aucun promontoire à côté. Joseph Heintz le Jeune, qui avait connu la fantaisie débridée des maîtres flamands, a peint une vue de Venise aux verts somptueux – entre rêve et éveil.

Parmi les cartographes dont on se souvient encore, quelques-uns venaient de la côte est de l'Adriatique, tels les Dalmates Natale Bonifacio (que les Slaves ont appelé Božo Bonifačić sans chercher à remonter dans sa généalogie) et Martino Rota de Sibenik (croatisé en Martin Kolunić). Un Grec nommé Zenon (qui signait, à la vénitienne, Domenico Zenoi) a également dessiné d'excellentes cartes. On a conservé dans les archives judiciaires un acte condamnant certains de ses dessins, jugés trop érotiques ou scandaleux, pour lesquels il dut verser une forte amende à la Questure, ainsi que Camocio, son éditeur, propriétaire de l'atelier « Sous le signe de la pyramide » *(Al segno della Piramide)*.

Les *boteghe* étaient les points de rassemblement des aventuriers, des oisifs, des vagabonds, des joueurs, des faux pèlerins et de peintres miséreux venus dans cette ville réputée pour sa richesse et sa prétendue largesse. Ils y menaient une vie souvent difficile, mais non dénuée d'une certaine fascination.

Des collaborateurs anonymes ont ainsi participé aux entreprises de maîtres connus. Leurs noms ne figurent pas dans les catalogues ni dans les encyclopédies, bien qu'on ait conservé certains de leurs travaux, perspectives et plans de Venise, gravures sur bois ou sur cuivre, estampes à la plume ou dessins au burin. Ces artistes et artisans méritent bien plus qu'il ne leur a été donné en retour. Leurs œuvres sont sans nom, mais cela ne diminue en rien leur valeur. Il serait injuste de les passer, une fois de plus, sous silence.

J'ai tenté de comprendre la démarche de ces dessinateurs en m'attardant parfois sur leurs cartes davantage que sur celles, bien connues, de leurs maîtres. L'auteur d'un « plan de la ville » demeure généralement au sein de la ville même et s'éloigne rarement de sa périphérie. Il est obligé de montrer la particularité de l'espace qu'il représente – le fameux « poisson vénitien » – et de situer cet espace dans le cadre qui lui est imparti ou imposé. Il doit saisir les caractéristiques de son sujet et celles qui, par rapport au sujet même, gardent leur autonomie. Il lui convient « d'établir un accord entre l'histoire urbaine et l'urbanisme », note un de ces amateurs. Pour ce faire, il faut réduire la dimension « monumentale ou colossale » des reliefs et des édifices de la ville aux plans horizontaux et aux coupes aplaties, les adapter à une échelle convenue et les soumettre aux proportions requises. Cela comporte le risque de déroger à certains jugements de valeur, dans la mesure où l'abstraction ou la projection imposent leurs propres exigences. Il s'agit, somme toute, de concilier les points de vue du géomètre, de l'architecte, de l'employé du cadastre et du dessinateur lui-même. D'accorder leur place à la topographie comme à l'invention, à l'urbanisme comme à l'utopie, à la science comme à l'imaginaire.

La scène est toujours la même, seule la mise en scène varie. Images, paysages, ambiances, agglomérations, architectures, formes – images encore, elles sont à la fin et au commencement. Les panoramas représentés doivent s'aligner sur les panoramas réels. Il n'y a aucun point alentour pour une vue aérienne, les hauteurs font défaut, le clocher de Saint-Marc n'est pas une montagne. Il convient, par conséquent, de regarder les choses de près et de loin, ensemble et séparément, tour à tour. À la fin comme au commencement, le dénominateur commun de ces approches différentes et de ces diverses visions reste toujours le même – Venise ville invraisemblable.

Tout cela ne suffit peut-être pas à expliquer pourquoi, après m'être penché sur les plantes murales ou les *formelle* fixées aux murs, sur la dialectique de la rouille et de la patine et sur d'autres choses semblables, j'ai choisi d'évoquer ces cartes anonymes. Toutes les illustrations de ce livre en font partie. Leurs auteurs nous les ont léguées sans prendre le soin de les signer. La gloire et la célébrité, ils les laissaient aux autres.

Tant de modestie confond.

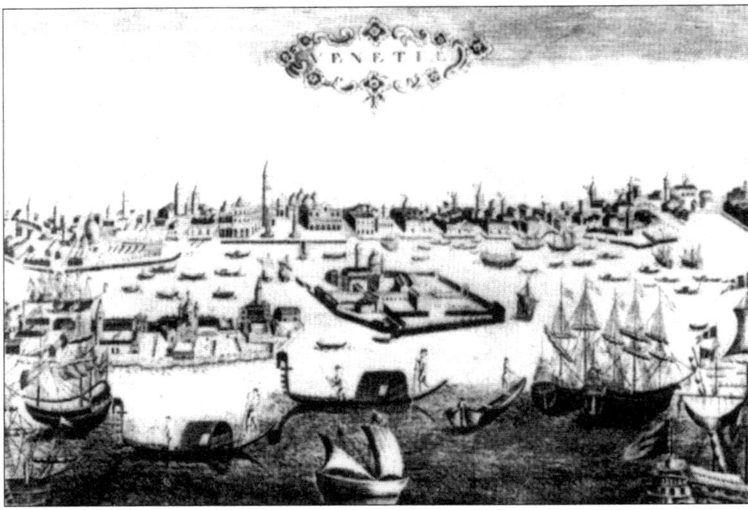

Anonyme : vue de la ville ;
inscription dans une cartouche aux fleurs : VENETIAE ;
gravure sur cuivre, deuxième moitié du XVIIIe siècle.

Les mots s'oublient, les choses perdent leurs noms, les crépuscules n'ont plus leurs couleurs d'antan, la rouille l'emporte sur la patine, il y a de moins en moins de jardins près des palais, les puits contiennent davantage de ténèbres que d'eau, personne ne se soucie des petites plantes murales, les *sculptures erratiques* s'effritent sur les façades, plus d'un vent a changé de direction, les *cocci* de céramique sont devenus introuvables, les tavernes ferment ou perdent leur clientèle, les boulangers quittent leur profession et leurs pains par trop se ressemblent, les barbiers n'ont plus l'envie de converser et ne s'appellent plus *figari*, les ultimes épaves disparaissent dans la boue, les mouettes s'éteignent aux marges de la Lagune, il n'y a aucun atelier cartographique « Au signe de la Pyramide », les pêcheurs de Chioggia n'utilisent plus la numération étrusque, les photos en couleurs remplacent les vraies peintures, les Schiavoni ne sont plus sur leur Rive des Schiavoni et ne s'appellent plus ainsi, il y a de moins en moins de visiteurs solitaires et, de plus en plus, on visite la ville en groupe. La cloche de Marangona ne sonne plus comme jadis ou naguère. L'Adriatique n'est plus « le Golfe de Venise », alors que Venise elle-même s'enfonce. Et rien de tout cela ne suffit cependant à nous laisser envahir par une simple nostalgie.

Une poétique que l'on pourrait appeler post-moderne, si ce mot a encore un sens, conférerait davantage d'importance aux choses mineures ou minimes, aux événements casuels ou éphémères, aux gestes humbles et réservés, aux jugements hypothétiques ou, somme toute, improbables, voire invraisemblables.

La Venise que l'on voit d'ordinaire et celle que nous voudrions voir continuent cependant à demeurer l'une à côté de l'autre, l'une dans l'autre, même si ce n'est qu'en illusion. Tout le monde admire la première et y aspire. Rares sont ceux qui prêtent attention à la seconde et nul ne la regrette. Quoi qu'il en soit, l'une ne saurait sans l'autre exister ni survivre : histoire et légende, réalité et mirage, image et simulacre tout ensemble et tout à la fois. Venise et l'autre Venise.

Anonyme : plan de la ville avec 113 écussons appartenant aux doges ; inscription : VENEZIA ; gravure sur cuivre, 1736.

Venise, années quatre-vingt-dix
Murano, 2001

Toute ville, dans une mesure qui lui est propre, vit de ses souvenirs. Les villes méditerranéennes davantage que les autres, et Venise tout particulièrement. Le passé y détermine le présent plus qu'ailleurs, le remettant en cause ou le dépréciant. L'avenir se présente plus à l'image du premier que du second. Les représentations de la réalité cachent ainsi la réalité. Les apparences de Venise masquent Venise elle-même.

Les particularités des cités, notamment de celles qui sont proches de la mer, résident ou se dissimulent souvent dans leurs ombres. On ne saurait pénétrer dans l'intimité d'une ville, et de Venise en particulier, si on les contourne ou néglige. Pour les explorer, et en faire l'inventaire, il est utile de les comparer aux ombres des autres cités méditerranéennes, notamment les plus anciennes. L'urbanisme a eu trop peu recours à un *théâtre d'ombres.*

Une partie de ces dernières pages a vu le jour sur la Giudecca, dans une petite taverne appelée *Mistrà* (Mistral), vers la fin des années quatre-vingt-dix du siècle révolu. L'ensemble a tout d'abord été présenté comme un « document apocryphe », qui aurait été conservé dans le vieux palais du Ca'da Mosto. J'ai achevé les dernières strophes sur l'île de Murano au printemps 2001, au tout début du nouveau millénaire.

OMBRES DES CITÉS MÉDITERRANÉENNES[1]

Tyr et Sidon, « navire au mât de cèdre, aux voiles de lin, aux rames de mélèze », ces mots du prophète Ezéchiel retentissent encore sur les ruines de vos ports. De précieuses cargaisons ont sombré dans les vagues alentour. Leurs ombres gisent par le fond, parmi les carcasses du destin.

Athènes, tu as resplendi en même temps que ton ombre. Long fut le crépuscule au pied de l'Acropole. Les visiteurs attardés se demandaient si tu étais encore celle que tu fus. Ils ne découvraient parmi tes ruines que de funestes présages. Le Pirée resta sans son phare. L'académie fut dissoute. L'Hellade devait renaître ailleurs et en elle-même.

Alexandrie, les barbares que tu attendais ont assiégé tes murailles. Ils ont enseveli ton passé au fond de ton port. Après avoir brûlé les livres, ils en ont dispersé les cendres. Et l'ombre a recouvert les anciens alphabets, désormais indéchiffrables.

1. Traduit de l'italien par Jean Pastureau et l'auteur.

Syracuse, tu as ouvert en ton flanc une carrière d'un seul tenant. Tu l'as confiée aux acteurs pour leurs spectacles, les soirs de fête. Les jeux de jadis sont finis, mais les ombres du chœur continuent à mimer le drame antique, sur l'orchestre taillé dans le roc.

Jérusalem, ta lumière éclairait l'âge et la croyance s'entourant de ta propre ombre. Ta mémoire remonte à plus loin que toi-même. Ton passé pesait sur ton origine. Et le Mur des Lamentations n'est pas assez large pour que nous venions tous y pleurer sur ton sort, et sur le nôtre.

Rome, ta gloire fut égale à ton ombre. Toutes deux ont brillé et se sont éteintes côte à côte. L'une et l'autre étaient tes rivales, portant en elles-mêmes la victoire et la défaite. Et tu demeures à jamais avec elles, là où tu fus et là où tu seras. Ville Eternelle qui ne croit pas en son éternité.

Carthage, tu as arboré ton orgueil. Tes vainqueurs ne l'ont pas pardonné. Tes descendants n'auront pas vu les nefs puniques ancrées aux rivages d'Afrique. Au large de la Grande Syrte frémissent les ombres de leurs mâtures, gréées de leurs voiles de deuil.

Leptis Magna, tu gis aux confins du désert, hôte généreux de tes ruines. Les eaux de la Labdah ont ensablé tes môles. Mais ton amphithéâtre est toujours là, les ombres sur les gradins tiennent lieu de spectateurs. Elles t'applaudissent en silence.

Naples, tes ombres restent à jamais en toi, ville dans la ville, sépulcres parmi les sépulcres. En automne de grandes fêtes renouvellent leurs fiançailles, dans des temples sans rites ni fidèles. Celui qui a fait vœu de te voir avant de mourir cherche en vain son repos en toi.

Gênes, tu savais unir l'urgence à la patience. La mer de Ligurie t'a semblé exiguë, et les autres mers ne t'ont pas satisfaite. Les ombres de tes rivales ont accompagné tes vaisseaux jusqu'à leurs derniers ancrages. Elles t'ont été étrangères au départ, familières à l'arrivée.

Marseille, il est plus difficile de t'atteindre par la terre que par le large. Ton Vieux Port est bien plus vaste que la ville qui l'entoure. On n'entre pas dans tes eaux par hasard, on n'en sort pas par simple accord. Les ombres s'attachent à jamais à ceux qui y ont jeté l'ancre. La Cannebière a pris le dessus sur la Vieille Charité.

Beyrouth, l'éclat du Levant t'était confié. Sur toi sont retombées les ombres de ceux devant lesquels tu ne t'es pas incliné. Les faux prophètes te prédisaient un sort plus serein. Tu te dois de redevenir ce que tu aurais dû être, pour toi-même et pour tes ennemis.

Barcelone, la mer t'avait repoussée vers l'arrière-pays, et l'arrière-pays t'a rendue à la mer. Les ombres se tenaient par la main sur l'un et l'autre bord de ton golfe. C'est là que se dresse la Catalogne. Et tu as fini par construire un port dont elle est fière.

Dubrovnik, ancienne Raguse, le mot Libertas a figuré sur ton gonfanon. Les secousses des rochers ont écroulé tes tours, tu as dû te relever par toi-même. Seule, tu n'arrivais pas à unir les îles d'alentour. Sans toi bien plus d'ombres seraient tombées sur l'Adriatique.

Séville, tu jaillis entre les deux mers, très proche et assez lointaine de leurs rives. Tes marins ont jeté l'ancre au loin, dans des golfes sans fond. Mais les ombres des caravelles coulées mouillent à jamais aux bouches du Guadalquivir, près de la tombe du grand navigateur.

Constantinople ou Istanbul, en toi se rencontrent et se divisent des héritages. Les mers aussi s'unissent et se séparent auprès de la Corne d'Or. Au seuil de ta Sublime Porte se réconcilient les ombres de tes bâtisseurs et celles de tes conquérants. Plus loin elles continuent de s'affronter.

Cités des rivages d'en face, épiées par l'œil affamé du désert, Le Caire, Tripoli, Tunis, Alger et d'autres lieux relégués alen-

tour, vous savez mieux que quiconque où résident les ombres qui vous prennent en otage. Ceux qui s'en étaient servis ne sont pas prêts à se repentir. Et vous n'êtes pas à même de les absoudre.

Venise, tes ombres ont été les gardiennes de tes premiers trésors : palais et leur opulence, églises et leur faste, Arsenal et son orgueil. Elles t'ont sauvée de toi-même et de l'envie des autres. Les amants sont venus à l'encontre de la ville sur l'eau – une ville en l'air n'étant pas encore érigée. Nul pouvoir, pas même celui des doges, n'égale celui de ton passé. Et les lions de saint Marc ne se sont pas prosternés devant les autres saints. En ton sein a germé la semence de Rome et de Byzance, de l'Europe et du Levant, d'un Occident sans repos et d'un Orient languissant.

Anonyme : vues de la ville au crépuscule (gauche et droite) ;
inscription : *Venise* ; chromolithographie, 1899.

Table

Venise minimale, préface de Raffaele La Capria 7
L'autre Venise 11
Ombres des cités méditerranéennes 151

Achevé d´imprimer à Pinto par Mateu Cromo (Espagne)
35-67-2117-6/01 ISBN : 2 213 61917 4
Dépôt légal : mars 2004 nº42923

Ouvrage mis en page
par Dominique Guillaumin, Paris.